LUMINAIRE

光启

守望思想　逐光启航

国家出版基金项目
NATIONAL PUBLICATION FOUNDATION

The Heritage of Central Asia

中亚古代史

From Antiquity to the Turkish Expansion

[美] 费耐生——著
韩中义 傅加杰 水敏军——译
折祎 宋海英——校

上海人民出版社 LUMINAIRE BOOKS 光启书局

本书获得国家基金中国历史研究院
重大历史问题研究专项2023年度重大招标项目
“中国与中亚关系史研究”（批准号：23VLS025）、
陕西师范大学2023年“一带一路”高水平成果资助

总 序

刘　东　刘迎胜

自石器时代人类散布于世界各地以来，由于地理和区隔的作用和自然禀赋的差异，不同人群沿着各自的社会轨迹运行，发展出不同的文明。

“丝绸之路”这个词背后所含的意义，主要是指近代以前各国、各民族间的跨文化交往。从地理上看，中国并非如其字面意义所表示的“天下之中”，而是僻处于旧大陆的东部，与世界其他主要文明中心，如环地中海地区与南亚次大陆相距非常遥远，在 20 世纪初人类发明航空器以前很长时期内，各国、各民族间的交往只有海陆两途。

讲起“丝绸之路”，很多读者也许会认为中国是当然的主人和中心。其实，有东就有西，既然讲交往，就有己方与对方之别，因此以“大秦”所代表的古希腊、罗马等东地中海世界，以印度所代表的佛教文明，以大食为代表的伊斯兰文明，在汉文语境中一直是古代东西远距离交流中主要的“西方”和“他者”。

“东方”与“西方”之间并非无人地带，沿陆路，若取道蒙古高原和欧亚草原，会途经各游牧部落和草原城镇，若择路沙漠绿洲，则须取径西域诸地、“胡”、“波斯”和“大食”等概念涵盖的中亚、西亚；而循走海路，则必航经南海、东南亚和北印度洋沿岸与海中名称各异的诸番国——它们不仅是东西交通的中继处，那里的人民本身也是跨文明交往的参与者。而东西交往的陆路（transcontinental routes）和海路（maritime routes）研究，正是我们这套丛书的主题。

东西交往研究关注的不仅是丝路的起点与终点，同时也涉及陆海沿线与之相联系的地区与民族。自司马迁编《史记》时撰《匈奴传》《朝鲜传》与《西南夷》之始，古代中国的史学就形成了将周边地区纳入历史书写的传统。同时，由于历史上的中国作为一个亚洲大国，其疆域北界朔漠以远，南邻东南亚与印度次大陆，西接内陆亚洲，因而依我们的眼界而论，汉文与边疆民族文字史料对丝路沿线地域的记载，既是“他者”性质的描述，在某种程度上也是一种“在地化”的史料。而地中海世界的文明古国希腊和罗马，以及中世纪的欧洲也与东方有着密切的联系，因而欧洲古典文明研究中原本就包含了对古波斯、埃及、红海与北印度洋以及中世纪中近东交往的探索。“文艺复兴”与“大航海”以后，随着殖民主义的扩张，欧洲人与东方的联系更为密切，“东方学”（Oriental Studies）也因之兴起。

记录东西交往的史料，以东方的汉文世界与西方的希腊、罗马（古典时期）和伊斯兰（中世纪）为大宗，还包括居于东西之间的粟特、突厥和蒙古等文字材料。进入20世纪，丝路沿线地区发现与发掘了许多古遗址，出土了大量文物与古文书。新材料的发现为丝路研究注入了新动力。20世纪后半叶以来，随着民族解放运动的发展，亚非国家学界对自身历史与文化研究的也发展起来，学者们通常将中国史料与西方史料视为“他者”视角的记载，在运用东、西史料时，则以“在地化”的视角加以解释。日本明治以后师法欧洲形成的“东洋学”，也是一种以“他者”视角为中心的学问，而与中国有所区别。所以从整体而言，东西交流史研究涉及地域广，时间跨度长，有关民族与语言各异，出版物众多，是其重要的特点。

20世纪以来，在我国新史学形成的过程中，中西交流研究也有了长足的进步。有汇集汉文史料与将欧洲学者研究集中介绍入华者，如张星烺；有以译介欧洲汉学成果为主者，如冯承钧；有深入专题研究者，如向达。他们都是与西方学界有较密切关系的学者。而我国当代学界主流，迄今研究所据史料以汉文或边疆民族文献为主，受关注较多者基本为国内的遗址与文物，引述与参考的大致限于国内学术出版物的特点是明显的，换而言之，我们的话语多聚焦于东西交往的中国一端，对丝路沿线国家的史料、遗址、文物及研究团体和学者知之甚少，而对欧美日等发达国家同行的新近成果、研究进展以及学术动向也不够了解。这不仅与我国当今的国际地位不符，也不利于提升我国学术界在世界的话语权。因此东西文化交流的研究如欲进一步发展，就应花大气力填补知识盲点，不但要借鉴欧美日学术同行的成果，也需不断跟踪与了解丝路沿线国家的考古新发现与本地学者的研究。

我们希望通过这部丛书，逐步将国外与丝路研究有关的重要学术著述与史料引入国内，冀他山之石能化为探索未知和深化研究之利器，也相信将有助于我国学界拓宽视野，能促进新一代学人登上更高的台阶。

目录

译者序

摆在读者面前的这本《中亚古代史》(*The Heritage of Central Asia From Antiquity to the Turkish Expansion*,直译为《中亚遗产:从远古到突厥扩张时代》),是费耐生的最后一部专著,是他关于中亚的丰厚研究的一生总结,也是对先前著作相关内容的扩展和深化。这部书最大的特点在于,没有一般学术著作的晦涩,而是对中亚历史,尤其是公元8世纪以前的历史作了通俗易懂的阐述和全方位的观察,读来通畅,少有满篇的各种注释,容易读懂。

一

费耐生(Richard N. Frye,1920年1月10日—2014年3月14日)出生于美国阿拉巴马州伯明翰市,父母是瑞典移民。后随家搬迁到伊利诺伊州丹维尔市。1935年高中毕业后,进入伊利诺伊大学学习哲学,同时学习历史方面的知识,逐渐把注意力集中到奥斯曼帝国史、中东史、亚美尼亚史、远东史、东欧史等方面。就在大学毕业前一年的1938年,他参加了普林斯顿大学的夏令营,跟随著名阿拉伯历史学家希提教授学习阿拉伯语,跟随沃克尔·莱特(Walker Wright)教授学习土耳其语,跟随马赫穆特·阿格吾古鲁（Mehmet Aga-oglu）学习伊斯兰艺术史。他在这里还遇见著名的波斯帝国史专家、《波斯帝国史》（*History of the Persian Empire*）的作者奥姆斯特德（Olmstead），后者成为他学术上的知己，在他后来的学术生涯中引导他关注阿契美尼德王朝*的历史，尤其是楔形文字。他在此时访问了伊朗波斯波利斯古城和当地的东方研究所。也是在这一年，他参加了中亚研究的学习班，为未来对这一地区的研究打下了坚实基础。本科毕业后，他于1939年到哈佛大学历史系攻读硕士学位，1941年获得了历史与闪米特语硕士学位。旋即到哈佛燕京学社学习汉语和中国历史。1942年夏天参加了普林斯顿大学夏令营，开始跟随马赫穆特·斯穆萨尔（Mehmet Simsar）学习波斯语，并和老师一起着手翻译波斯语本《布哈拉史》（*History of Bukhara*），将此书作为博士论文题目在哈佛大学攻读博士学位。二战期间，他在华盛顿从事阿富汗情报站的工作。1942年到了阿富汗，待了两年，负责监视德国和日本在阿富汗部落的活动。从1943年到1944年，他从阿富汗到了埃及开罗，而后又到印度访古，塔克西拉给他留下了深刻印象，他在这里见到了从伊犁河谷经喜马拉雅山逃到印度的哈萨克人。从1944年到1945年，他在土耳其调查流亡到苏联的塔塔尔人，并了解有关苏非派的知识。他收集了有关中亚的阿拉伯语、波斯语、汉语等语言的文献，认识了各行各业的著名人物，为他的学术研究打下了基础和积累了丰富的经验。1945年他回到美

---

* 即居鲁士建立的波斯帝国（公元前500—公元前300），也称波斯第一帝国。本书页下脚注均为译者注。

国，因研究布哈拉史而在 1946 年获得了博士学位。而后他成为哈佛大学的社会科学研究人员，教授社会学调查方面的课程。1947 年，他前往伦敦大学亚非学院，成为祆教研究专家玛丽·博伊丝（Mary Boyce）的门下弟子，同时跟随恒宁（W. B. Hening）学习粟特语和中古波斯语（Pahlavi，巴列维语）。他返回哈佛大学后从事教学和科研工作。1948 年，他又一次到伊朗考察，横穿伊朗中部，在德黑兰认识了著名学者、字典编纂家德胡达（Deh Khudah）以及其他重要学者，此行为他的伊朗学研究打下了基础。此时他的关注点就是蒙古时期的亚美尼亚文献，之后在 1953 年成立了亚美尼亚研究会。后来，他多次前往伊朗、中亚、阿拉伯各国，主要是收集各种稀有抄本文献。1954 年，他成立了哈佛大学中东研究所并担任副所长。1957 年，在其学生阿加汗之父的资助下，他开始筹备伊朗学研究会，1958 年研究会成立后，他任第一届会长。此后他在哈佛大学、马萨诸塞大学等机构从事教学和研究工作，并与世界各地的学者，尤其是研究伊朗、中亚等方面的学者取得了广泛的联系，撰写了大量的文章和出版了很多著作。20 世纪 60 至 90 年代，他在学术上十分活跃的同时，还参加各种社会活动，尤其是与伊朗研究相关的活动，在中亚、西亚等地的很多大学从事过短期和长期的教学和科研活动，赢得了普遍的声誉。90 年代以后，由于年事已高等原因，他参加活动的次数变少，但是他培养出来的学生活跃于世界各地大学，成为研究中亚、西亚，尤其是伊朗学的领军人物。费耐生 2014 年去世，享年 94 岁。

费耐生是少有的几乎掌握中亚、西亚、西方古典和现代语言的大专家，诸如西方语言有法语、德语、俄语，古典或东方语言有阿维斯陀语、古波斯语、中古波斯语、新波斯语、帕提亚语、粟特语、和阗语、巴克特里亚语、阿拉伯语、突厥语、汉语等。由于掌握很多语言，他撰写了很多古代碑刻、钱币、释读等方面的论文，具有极高的学术价值，至今影响深远。他因掌握多种语言，加之聪慧、勤勉，周游列国，积累了丰富的养料，狩猎的范围十分广泛，诸如社会学、历史学、人类学、考古学、文字学、文献学、语言学、钱币学、艺术学、宗教学、历史地理学、哲学等，他在每个学科领域都取得了令人瞩目的成就，尤其在伊朗学、中亚研究、古典西亚研究方面，他是当时的翘楚，少有人能及。他发表论文百余篇，出版著作很多部。由于他论著很多，我们不能一一介绍，只能列举其主要代表。具体为：（1）《弓箭民族（蒙古）史》[*History of the Nation of the Archers (The Mongols)*]，系亚美尼亚学者 Grigor of Akanchi 所著，反映蒙古西征及其以后历史的文献，由布拉克（Robert P. Blake）和费耐生合译，1949年发表在《华裔学志》（*Harvard Journal of Asiatic Studies*）第3、4期上。后来又独立成书发行。该译著为研究蒙古西征的历史提供了重要的史料。（2）《布哈拉史》。这是他翻译的纳尔沙喜（Narshakhi）所著波斯语历史书，1954年在马萨诸塞州出版。这是他独立完成的第一部书，虽是一本译著，但体现了他深厚的学养，也能看到他博士论文的一些影子。由此也奠定了他在学术界的地位。（3）《波斯遗产》（*The Heritage of Persia*），这是他的第一部学术专著，1962年在伦敦出版，后来多次再版，是波斯帝国史研究者的必备参考书和经典学术著作。内容涉及古波斯帝国的历史、宗教、生活、社会、官职、组织结构、重要人物、对外关系、宗教文化、历史变迁等，是一本严谨的学术著作，受到了学术界的推崇。（4）参与撰写了《剑桥伊朗史》（*Cambridge History of Iran*）第 3 卷的萨珊王朝部分，该书于 20 世纪 60 年代后陆续出版，成为经典性通史著作，中国研究伊朗历史的学者都熟悉这部著作。参与该书写作的都是当时一流的伊朗历史学者。（5）《布哈拉：中世纪的成就》（*Bukhara, the Medieval Achievement*），这是一部专题写布哈拉公元 9—10 世纪的历史，关注点是绿洲环境、萨曼王朝（Samanids）的兴衰、文化变迁、伊朗遗产的继承等，是一部成功的专著，1965 年由俄克拉荷马大学出版社出版。（6）《波斯的黄金时代：阿拉伯人在东边》（*The Golden Age of Persia: The Arabs in the East*），这是研究晚期波斯帝国和早期阿拉伯帝国及其文化交替时期的一部专著，可以视为下文提及的《古代伊朗史》（*The History of Ancient Iran*）的续编，1975 年在伦敦出版。这本书除继续讨论波斯帝国外，还开始考察伊朗之地的新来者——阿拉伯人，包括他们的征服活动、宗教，以及波斯文化对新政权、新帝国的贡献。（7）《古代伊朗史》，这是一本简明古代伊朗通史，1983 年在慕尼黑出版。此书讲述了伊朗的地理环境、人口、史前史、米底、斯基泰、阿契美尼德王朝、亚历山大东征、塞琉古、大夏、塞人、帕提亚部落及其王朝、贵霜、地方小政权、萨珊、伊朗东部与中亚。这本书若是和上文提及的《波斯的黄金时代》合在一起，就是伊朗从史前到 10 世纪的一部通史；若是与《波斯遗产》合在一起，就是一部纵横结合的历史。因此，上文提到的三本书之间有必然的逻辑关系，也和现在这本书《中亚古代史》有密切的关系，是对前三本书中有关中亚方面内容的细化和扩展。(8)《中亚古代史》，这是一部中亚古代历史专题的著作，从远古到公元8世纪，1996年在新泽西普林斯顿出版。

费耐生还参与编写或主编过几十本书，由于篇幅的关系不再一一罗列。

纵观费耐生的一生，他都是在教学、科研和社会活动中度过的，他将伊朗古代史、中亚古代史作为自己毕生研究的对象，尤其热爱伊朗古代史的研究，获得了“伊朗友人”(Irandoost)的称号。他希望去世后葬在伊朗，2010年伊朗政府在伊斯法罕给他划出一片墓地，就是对他的研究的肯定和褒奖。他的研究具有很鲜明的特点，既关注一般性的问题，又关注专题性的问题。这一特点在他的著作和论文中得到了充分的体现。还有就是他依靠一手文献的解读与研究，这体现了他学术的原创性。因此，今天研究古代伊朗、中亚的学者，必定要参考他的成果。总之，他是继巴托尔德之后又一位研究中亚史的巨擘，但国内学者对他的重视是不够的。通过翻译他撰写的著述，进一步了解费耐生在伊朗、中亚古代史上的学术成就，是有一定价值的。

二

中亚处在欧亚大陆的中心，是文明交往的十字路口。这里流行过世界上主要的文明和文字，也因气候之故，是世界考古的黄金地区。但从近代以来，中亚逐渐成为各帝国角逐的场所，由于帝国主义的不断争夺，中亚逐渐在经济、文化、商业等方面变得落后，曾经的欧亚中心变成世界的边缘，甚至几乎被世界所遗忘。中亚在学术上也没有多少人关注，沦为研究的边缘，没有多少人愿意在这方面做深入研究。其实，中亚研究，尤其是中亚古代史研究，不是什么人都可以胜任的，必须有相当学术功底的人才可以胜任这项工作，而费耐生就是一位合格的中亚古代史研究者，他的研究至今读来仍然具有启发意义。尤其中国提出“一带一路”倡议后，中亚这个欧亚的中心又一次走向了世界的舞台，世界的目光又转向这里。在经济多元化、地缘政治复杂化的今天，中亚显示出了独特的价值和魅力。但和火热的经济发展相比，人们对中亚过往、中亚文明的了解仍然很模糊，甚至知之甚少。因此，有必要引进一些研究中亚的学术名著，为了解这一地区添砖加瓦。

这本书是由刘迎胜先生推荐，应上海人民出版社光启书局邀约翻译的。着手翻译是从2020年底开始的，但中间由于暴发了疫情，加上其他杂事，耽搁了一段时间。2022年秋天开始全力翻译这本书。翻译是分阶段完成的，序言和第一至第四章是韩中义翻译的，后来水敏军进一步翻译了全书，而后韩中义进行了修改。2023年9月后傅加杰对译稿进行了修订，改正了此前翻译不当的部分。此后，韩中义又对全书做了修订、专有名词补译、加注等工作，完成全部翻译工作。接着，韩中义又执笔完成了译者序言。实际上我们翻译了三遍，修改了四次。因此，这本书是集体翻译的结果。最后，折祎和宋海英进行了校订。

三

关于翻译，这里做如下几点说明：

一是翻译过程中最大限度忠实于原文，同时也符合汉语言的表达习惯，因此，尽量做到信达雅，使得读者读起来顺畅。

二是除了个别名词外，对专有名词采用现代通行名称译法，且第一次出现时，将原文以括号的形式附在翻译名词之后，以便读者进一步查找相关的信息。

三是增加了一些必要的译者注释。

特别感谢所有付出过劳动的老师和家人，尤其感谢刘迎胜先生。

我们翻译这本书是为了让读者对中亚这一陌生之地有更多了解，也是为了让读者对费耐生的学术研究有更多了解。但费耐生书中的有些内容微言大义，我们很难吃透，难免存在一些不够精准之处。这部书尽管部头不是很大，但涉及很多专有术语、不同的语言，我们能力有限，必定有这样那样的问题，这些都应该是翻译者的责任。也欢迎读者提出善意的批评。

译者

2023 年 11 月 3 日星期五于西安

2024 年 5 月 4 日星期六于西安再修订

前　言

我在塔吉克斯坦的杜尚别（Dushanbe）时动笔写这本书，本 3
想对这片地区的上古史与中古史加以研究。但我很快发现，仅关注塔吉克斯坦的四个地区——费尔干纳（Ferghana）河谷的苦盏（Khojent）、泽拉夫尚河（Zarafshan）上游的片治肯特（Panjikant）、塔吉克斯坦南部、帕米尔高原，不太现实。于是我决定将重点放置在人群上，着重研究塔吉克族，无论历史上他们曾经到过哪里，但这仍然不够，因为“塔吉克”（Tajik）一词在如今、在历史上、在不同区域，有着不同的含义。最后，合理的选择似乎是将研究范围扩大到整个中亚地区，考察众多伊朗语民族在操突厥语民族占据这片广袤土地之前的历史。但蒙古高原、草原地带、青藏高原与兴都库什山以南的地区，包括印度半岛，均不在本书的考察之列。只有当这些地区与中亚绿洲相关时，才略作提及。本书中大写的“西方”（West）是指希腊、罗马或者欧洲，而小写的“西方”（west）是指中亚的西边，意思是伊朗或者近东。

但我们在开始考察这段历史之前，要先说清楚将研究的主要对象是政治单元还是地理单元，抑或是民族—语言群体的问题。在研究前现代史时，聚焦于最后一个内容应该最合适。因为如今阿姆河与锡尔河之间的大部分土地，或至少是核心区域，在历史

长河中经历了许多变化，研究者应当利用最好的研究框架来了解
土地和民族的关系。可以通过一些基本身份标志来认识人群，这
些身份标志将人群划分成不同群体——游牧民族或农耕民族，山
4 地人群或平原人群等。在我看来，界定民族身份最好的标准就是
语言。但同一民族可能彼此相隔或四处离散，历史上的伊朗语族便
是如此。在这种情况下，究竟是研究这些民族曾经生活过的边远地
区，还是研究他们如今生活的主要区域，研究者必须作出选择。

要想解释如今中亚塔吉克人和帕米尔地区伊朗语族的民族发展历程，我们显然需要考虑更多方面。我在过去 50 年里多次强调，现今的中亚民族除了语言存在差别外，不管是操伊朗语还是突厥语，都共享着同一个文化、同一种信仰、同一套社会价值和传统体系。此外我认为，在研究历史时不应忽视如今中亚地区所有民族的文化和习俗，因为很多文化在一个或多个民族中依然保留了下来。有位早已去世的朋友，H. H. 冯·德·奥斯滕（H. H. von der Osten），他是发掘博加兹柯伊（Boghaz Köy）的赫梯都城的考古学家。奥斯滕许多年前经常提到，在安卡拉的一次招待宴上，凯末尔向他表示祝贺，因为凯末尔认为奥斯滕发现了土耳其人祖先的过去。奥斯滕正要反驳，但德国大使偷偷踢了他一脚，奥斯滕只好改口说："是的，阁下。"事后，大家都嘲笑了这位土耳其领导人的言论。但在我看来，凯末尔的言论基本上是对的，因为现今土耳其共和国的人民可以把两个地区当作他们的根：安纳托利亚和亚洲腹地的阿尔泰山脉，这两个地区对现代土耳其民族及其文化的形成有着重要作用。同样，当代中亚各族有的源于

当地的河谷、沙漠和山脉，有的则源于西部广大的伊朗地区以及亚洲腹地的草原。尽管本书着重考察中亚古代史，但我建议读者不应忽视伊斯兰教和阿拉伯人的巨大影响，还有突厥民族对如今中亚地区混杂融合的作用。因为在这片广袤的土地上，各类人群 5
延续着许多前伊斯兰时代的文化，如新年的习俗。要理清不同语言、文化和民间信仰并追根溯源，有时存在难度，但重点总是在阿拉伯人和突厥人到来前的古老遗产。此外，我扩展了本书的范围。从阿拉伯人征服并统治中亚，写到最后一个伊朗王朝——萨曼王朝的崛起和11世纪操突厥语政权的建立。我如此扩展是因为，此时出现了东方的伊朗伊斯兰文化、由阿拉伯字母书写的新波斯语文献。只有这时，我们才可以说新秩序已牢固确立，并将过去的遗产全部吸收。

现在的塔吉克语是如今伊朗法尔斯省（Fars）的一种方言，这也证明了为什么本书必须关注中亚西边的伊朗。再次强调，本书所述的中亚地区是指阿姆河和锡尔河之间的核心地区，另外也会简略提及今天中国新疆塔克拉玛干沙漠中的绿洲，因为这些绿洲深受其西部亲邻的影响。本书对于如今哈萨克斯坦的草原地区或在天山以北的中国新疆关注较少，尽管该地东边的伊犁河谷和西边的伊塞克湖区也是与南部地区关系密切的重要地带。南俄和亚洲腹地（蒙古、西藏和绿洲以外的地区）也不在本书考察之列。

虽然人类学家会对将游牧民（nomads）和牧民（herdsmen）作为同义词的做法皱眉头，但本书关注的是草原和农耕的区别，而非牧民和游牧民的区别。牧民只在春秋季迁徙很短距离，其他

时候则住在村子里。游牧民则住在帐篷里，最大的特点就是不断
地迁徙。对历史学家而言，部落迁徙或者征服定居地区，显然非
6 常重要。经常能听到这样的说法，即中亚这片广袤地区的历史，
就是游牧部落迁移、活动，并对定居地区施加影响的历史。

由于地理因素——山川、绿洲、沙漠、河流、这片区域的灌溉等，对中亚人民的生活有很大影响。相比于其他地区，对中亚的研究要更加关注过去和现在的地理状况。本书主张鉴古知今，但也认为，熟知现状有助于重新理解过去。

当然，所有历史研究都强调使用文献史料，但也不应忽视考古学、语言学、民族学和民俗学领域的研究成果，主要原因是文献资料太少，且信息零碎。尽管本书的许多内容都带有主观性，但书中的所有观点都尽可能以史料作为支撑，并以逻辑清晰、符合常理的方式加以表达。书中会介绍存在争议的理论，但是不会将某一种理论当作事实，尽管我会告诉读者目前大多数学者接受的是哪一种。关于中亚史的解释存在很多差异，我会略过那些明显荒谬的观点。例如，J. N. 赫洛平（J. N. Khlopin）认为琐罗亚斯德的出生地和活动范围仅限于今天的土库曼斯坦境内，他还试图利用《阿维斯陀》中提到的一些村庄名称来确定具体位置。同样不可取的观点还有，卡迈勒·萨利比（Kamal Salibi）试图证明以色列人的故土位于现在的汉志（Hijaz）。显然，人们发现的新证据，如新出土的碑刻或器物，可能会改变本书的观点，但我仍希望这本书能为所有想要了解这片神秘地区的读者提供帮助。

这本书简明扼要的介绍，并不是从中亚具体的某个区域展

开，而是尽可能地展现出中亚的整体面貌，尽管中亚的有些地区要比其他地区更出名。过去35年里，我曾七次到中亚旅行，并于1990—1991年在杜尚别的塔吉克斯坦大学开设伊朗与中亚古代史的课程。我希望，这些深入当地、与民族接触的现实经验以 7
及到访不同考古现场的经历，可以提供一种在图书馆阅读文献资料所不能获得的分析维度。注释中寥寥列举的参考书目不只是一份拓展阅读的小书单，因为关于苏联中亚各加盟共和国的各种百科全书中有许多有用的词条，《伊朗百科全书》（*Encyclopaedia Iranica*）也一样，从中可以找到相关专题的书目。许多专著，如《剑桥伊朗史》、《剑桥早期内亚史》（*Cambridge History of Early Inner Asia*），以及刊于巴黎的《伊朗选编》（*Abstracta Iranica*），可以为读者提供更多的书目信息。

此外，不断发展的计算机数据库，如印第安纳大学的亚洲腹地数据库，可以为读者提供更多参考资料或某一专题的相关信息。因此，我会尽可能地删减脚注，仅提供可以找到更多参考书目的综述类著作，或列出二手文献中有争议之处的参考条目。此外，对于学界普遍接受的观点，我也不会在参考文献中列出。例如，有种说法认为，伊朗的宗教艺术在萨珊王朝晚期（即便不是很早）出现了偶像崇拜的现象。根据少数与琐罗亚斯德教有关的现存器物，这种说法不言而喻，所以也就不需要再列举关于此问题的二手文献。另外，现存的中亚前伊斯兰时期艺术作品呈现出一幅不同的景象，具有各式各样的宗教象征。这种情况不仅需要讨论，还需参考鲍里斯·伊里奇·马沙克（Boris

Ilich Marshak）或其他学者的著作。不是因为学界不接受这个观点，而是这些研究具有创新性。同样，对于一些专家关心但普通读者没有兴趣的特殊符号，除非与讨论的特定内容有关，本书一般会省去。为了方便读者定位地点，我使用了俄语地名，而非当地地名，例如，江布尔拼写为 Dzhambul，而不是 Jambul；提尤别
8 拼写为 Tiube，而不是 Tepe（特佩）。现代的中文地名采用汉语拼音，如 Xinjiang（新疆）；其他地名则采用我学过的旧式威妥玛式拼音。从一种拼音转换成另一种拼音其实也没有难度。这本小册子没有打算识别一些无法识读的字或者查找词源，也没有出现高本汉（Karlgren）、蒲立本（Pulleyblank）或其他学者研究拟音的著作所列举的古音或唐音的汉字。对于一些细究的词汇和争议的观点，请读者查阅专门的参考文献。

尽管现在这种写作方式可能不是很常见，但我认为对于中亚这样一个世界上了解相对较少的地区，按时间顺序来呈现过往的历史发展，应该是最好的办法。借助这一框架，读者可以尝试用人类学、社会学、心理学等各种观点，解释历史发展过程中活动和变迁的原因。

要写一部中亚史，显然俄语文献和汉籍是最重要的资料来源，因为这些文献不仅提供了相关考古发现的信息，而且还基于田野经验提供了各种新观点。因此，俄语和汉语分别是研究中亚西、东两个地区最主要的学术语言。当然，也需要参考用中亚当地语言，特别是乌兹别克语、土库曼语、塔吉克语、回鹘语写成的文献，对考古新发现尤其如此。所幸的是，我在有生之年习

得了一些当地文字，并可以用当地语言与当地人交谈，这让我的旅途更丰富多彩，也使这本书得以成形。对于书中频繁使用“可能”或“似乎”这样的表达方式，我表示歉意。但我认为当没有确凿证据时，最好只是向读者介绍一种可能性，而非妄下结论。

本书不是一本参考类的著述，而是和我的另一本书《波斯的遗产》更接近，是为学生和对中亚这一地区感兴趣的人撰写的。同时，本书也不仅仅是为那些想要扩展阅读的英语读者所准备的。本书不可能涵盖所有专门领域的最新研究成果，如果对新发现或新观点有所疏忽或遗漏，望读者见谅。因为读者通过电子检索就可以查到主题、作者、书名等信息，本书并没有用斜体方式 9
在注释中详细备注。

虽然本书完成于马萨诸塞州，但如果不借助费尔多西国家图书馆（Firdosi library）、奥登堡图书馆（Oldenburg library）、杜尚别科学图书馆的安德烈耶夫（Andreev）与谢苗诺夫（Semenov）抄本部，这本书甚至都无法动笔。要列出所有帮助过我的朋友和同事，以及塔吉克斯坦科学院的专家和乌兹别克斯坦考古研究所同事的名字，未免有些冗长。无论是在提供资料还是旅途方面，对于曾经帮助过我的维吾尔、哈萨克、乌兹别克、吉尔吉斯、塔吉克、土库曼、奥塞特（Ossete）、瓦罕（Wakhi）、舒格尼（Shugni）*、浑扎（Hunza）** 等民族，以及中国、俄罗斯、阿富

---

* 居住在喷赤河沿岸，讲塔吉克语的民族。

** 即浑扎人，也称作布鲁舒（Burusho）人，居住在浑扎河谷，即巴基斯坦北部的吉利吉特—巴尔蒂斯坦（Gilgit-Baltistan）地区。

汗、巴基斯坦、印度、伊朗、土耳其等国家的朋友和同事们，单是列出他们的名字，可能就要一本书了。我对他们所有人表示衷心的感谢。

对于书中的错误和疏漏之处，恳请读者谅解。我只希望能为日后的中亚研究者提供一些帮助，愿他们的研究能以此为基，再接再厉。我想再强调一下，拙著只是一本简明的历史书，对中亚古代史中的许多有趣细节挂一漏万，还望见谅。

第一章

地理状况

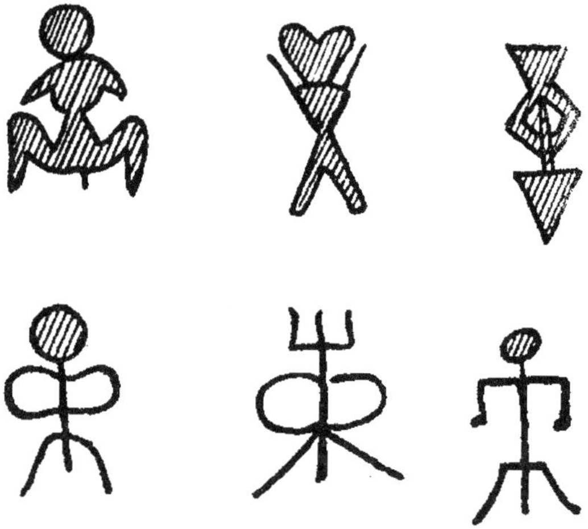

象形文（引自 Hans Jensen, *Die Schrift*, Berlin: Deutscher Verlag der Wissenschaften, 1969）

在中亚这片土地上，耸立着可与喜马拉雅山比肩的山脉，干燥的沙漠和戈壁与其他地区所见并无差别。同时，中亚还有诸多肥沃的河谷和绿洲。[1]本书所述的历史在地理范围上跨越了一片广袤的地区——从近东的伊朗到中国的甘肃省，这也是一部由大大小小的绿洲所构成的历史。甚至在大费尔干纳地区和伊犁河谷这样的河谷地带，尽管构成彼此边界的是山脉而非沙漠，也可以看作两个特殊的大型绿洲。在这种情况下，一片大的区域中可能有许多所谓的小型绿洲，小片的沙漠或荒地会将农耕地区隔开。总体而言，人们对于绿洲生活有相同的印象。人们扩大耕地主要依靠灌溉。冰川雪水滋养了河流，人们引河为渠，将耕地延伸到山麓和沙漠边缘，许多民族从而得以在中亚生活、发展。 13

尽管中亚不像尼罗河流域、两河流域和印度河流域那么适宜人类居住，但从新石器时代起，中亚各地就具备适宜游牧或农耕的条件。中亚的河流最终流入内陆湖和内陆海，而不像印度河和中国的大河那样汇入海洋，但在很久以前，亚洲不同河流水系的居住类型并没有明显差异。不过，中亚和其他地区之间有一个显著差别，那就是随着时间的推移，中亚的引流灌溉导致了很多问题，主要是密集型农业以及对土地过度利用所导致的盐碱化现象

14–15 缺乏关注。今天，塔克拉玛干沙漠边缘和布哈拉绿洲边缘的古代村落遗迹，突出反映了肥沃的耕地和侵袭的沙漠之间微妙的生态关系，这就是中亚地理的一个特征。自古以来，这一地区的水资源利用和分配就一直是统治者的头等大事，也是这一地区纷争频发的最主要原因。这一点对牧民和农民都说得通，因为过度干旱会毁坏优质牧场，导致大批牲畜死亡，从而使牧民被迫搬迁，有时人数众多。大概在史前时代，人类迁徙的主要原因是生计的匮乏，而不是想要扩大自身实力而称王称霸。我们还推测，史前时代中亚的人口很少，当地有足够的土地和生存空间（Lebensraum）来满足大多数人的需求，只有少数人会出于冒险精神或利益驱动离开故土。有必要简单介绍一下这些中亚故土的过去和现在。我认为，对于河流或山脉名，主要使用现代名称要比使用古代或中世纪名称更加合适。古今对应名称详见后文附录。

早期人类显然还不具备从阿姆河、锡尔河等大河中直接引水的技术。水轮、运河和用于开凿灌溉水渠的铁制工具后来才出现。也许这就是在这些大河两岸很少发现公元前1000年前的村落的原因。相反，在河流三角洲地区，水流更便于灌溉，所以出现了最早的农业地区。我们先关注一下中亚各地区宏观的地理情况。

我们可以从山脉说起。平均海拔4000米的帕米尔高原，号称“世界屋脊”，对中亚有着重要意义。帕米尔东部的分支是高大的喜马拉雅山脉，北边和东北边分别是天山山脉和昆仑山的主山脉，西边则是兴都库什山脉。这些山脉上的冰川和终年
16–17 积雪，决定着山谷和平原地区的生存条件，因为在山谷和平原

之间，流淌的河流孕育着生命。早期人类居住在河流和溪水沿岸的洞穴中，但很难确定他们何时何地首次从狩猎和采集者进化为牧民和农民。从逻辑上讲，最宜人的气候和最肥沃的土壤应该会吸引首批定居者，那么河流的三角洲地区可能就是这种地区，因为在三角洲，河水会流入两岸的平原。从南部的兴都库什山脉和北部的希萨尔（Hissar）山脉流下的各条河流，使得巴克特里亚（Bactria）地区成为永久定居的理想之地。这里虽然冬冷夏热，但不像北边或山区那样寒冷，而且土地肥沃，远近闻名。也许阿姆河（Amu Darya）或喷赤河（Panj）的上游，即古代的乌浒水，一直是猎人的地盘。直到后来的平原人群迁居到苏尔汉河（Surkhan）、卡菲尼根河（Kafirnigan）、瓦赫什河（Vakhsh）、克孜勒河（Kizil）、阿克苏河（Aksu）上游的河谷，人们的生活才发生了改变。更有可能的是，后来游牧民族发现，苏尔哈布河（Surkhab）河谷地区和卡菲尼根河支流地区水草丰美，于是迁徙到这里，这里北面是希萨尔—阿赖（Hissar-Alai）山脉，南边是苏联境内的最高峰。现今塔吉克斯坦东部狭窄偏僻的山谷地区，可能只是各路人群逃离平原地区时的避难所，并非他们定居的理想之地。

当我们向北越过苏尔汉河，再过希萨尔山脉就到卡什卡河（Kashka Darya），也就离开了巴克特里亚地区，抵达了古代粟特（Sogdiana）地区的腹地，再向北越过一片低矮的丘陵，就到了泽拉夫尚河（Zarafshan）河谷。在卡什卡河和泽拉夫尚河的河谷中，古老的居民点证明了人类很早以前就生活于此。在苏尔汉河谷周边发现了尼安德特人（Neanderthal）活动的迹象，但生活在山洞里的石器时代人类不在本书讨论的范围之内。本书关注的是后来定居点的繁荣时期，比如在今卡什卡河流域卡尔希（Karshi）市附近部分发掘的埃尔库尔干（Erkurgan）大型土墩遗址。

18 由于水资源在中亚极其重要，因此最早的村落显然会沿河或者依河而建，这里最便于取水并利用水源来发展农业。春汛时会被河水淹没的山麓河岸地区，或那些条件更好的河流三角洲以及还未入海的河口地区，似乎是人类最早的居所。事实上，考古学家已经在穆尔加布河（Murghab）与捷詹河（Tejen）三角洲以及穆尔加布河流入的梅尔夫（Merv，马雷、木鹿、某夫）绿洲中发现了早期的村落。卡什卡河和泽拉夫尚河也是如此。新疆的许多河流流入塔克拉玛干沙漠后干涸了。塔里木河是该地区最长的河流，但人们却在沙漠深处发现了古代村落的遗址，这意味着塔里木河曾流到过这里，而今天的河水在流到这些曾经的开垦区之前就已经被开发利用了。后来的坎儿井（karez）或水渠（qanats），以及水车取代了早期的浅渠，但此二者出现的时间不会早于公元前1000年。这些是人们为了避免露天水渠中的水蒸发损耗才发展起来的。随着人口的增加，人们向居住条件相对差一些的北方和多山地区迁移。因此，历史上在费尔干纳盆地以及今天的吉尔吉斯斯坦南部和哈萨克斯坦南部的早期人类村落，可能要晚于在阿姆河两岸巴克特里亚的南方村落。同样，村落在伊犁河谷出现的时间可能要晚于在南部塔里木盆地出现的时间。对所有生活在中亚地区的人而言，气候和水源至关重要。中亚地区是冬冷夏热的大陆性气候，最宜居的区域都在山脉附近，这里在冬季可以抵御西伯利亚的寒流，在夏天则是避暑胜地。

中亚自古至今都是绿洲地区，或近或远的沙漠和山脉随处可
见，即便不过其中一些绿洲，如布哈拉地区附近的绿洲，是广阔
且足以承载众多居民的。有时很难分清一片绿洲有多少面积是天
然形成的，有多少是人类从周围的草原或沙漠中开垦出来的。显 19
然许多绿洲需要与不断侵袭的沙漠长期斗争，以防面积缩小。布
哈拉绿洲外围的城墙叫做 Kanpir Duval 或 Kampirak，梅尔夫绿洲
也有城墙，应该说建这些城墙一是为了抵御游牧民族的袭扰，二
是为了阻挡周边的风沙。当然，中亚很多地区也有牧场，游牧生
活也是当地景观的重要组成部分。

哈萨克斯坦大草原以及阿尔泰山、天山和其他山脉脚下的草原，自古以来就是游牧民族的天然栖息地。游牧民族和农耕民族之间的贸易和交流最早如何开始，我们尚不清楚，但两者之间往往是敌对而非友善的关系。有些山谷可能十分适合游牧民族生活，但不适合农耕民族居住，如现在塔吉克斯坦东部山区的希萨尔—阿赖山谷，或土库曼斯坦的科彼特山脉（Kopet Dagh）北麓。连绵险峻的群山对于赶着畜群的游牧部落和跋涉的商队而言是艰难险阻，然而畜群的生存需要以及潜在的商业利益，驱使着游牧民和商旅翻过高山，穿越沙漠。从中亚东部去往西部最便捷的路线，可能也是最早的路线，是从中国甘肃出发经天山以北的准噶尔盆地，向西穿过伊犁河谷，然后再穿过欧亚大草原到黑海沿岸，或者向南到锡尔河和阿姆河流域。经过新疆南部的主要路线是从甘肃经和阗（于阗）到喀什，然后翻山越岭到费尔干纳

盆地。还有从喀什到中亚西部的其他路线，如从帕米尔经瓦罕走廊，相较而言，这条路线十分艰险。通常只有北方路线因盗匪猖獗或政局动乱而受阻时，商人才会选择这条路线。13 世纪末，马可·波罗就曾通过瓦罕走廊去往中国，但这条路线从来不是去往
20 中国的干道。从中亚去往印度的路线也绝非容易，诸如经西藏和吉德拉尔（Chitral）* 的路线，或经过吉尔吉特（Gilgit）和浑扎的印度河路线等，沿途荒凉，海拔高，且缺乏食物和水源，往往会让大多数旅行者望而却步。

在自古以来影响中亚政治与文化版图的诸多因素中，地理可能相比于其他因素发挥了更重要的作用。中亚的地域可以按以下方式区分：

如果从中亚西部开始，向东北方向看，那么古代的大益斯坦（Dahistan），即现代的土库曼斯坦，加上其南部区域，不仅是一个地理单元，还是一个文化单元。尽管南部的科彼特山脉隔开了大益斯坦和呼罗珊，但两地之间交通往来便捷，如果没有北部的卡拉库姆沙漠（Kara Kum）阻隔，二者都可视作更大的整体。北方的游牧民族也经常进入这片地区，影响着科彼特山脉以北的农耕民族，但对山脉以南地区的影响则小得多。从大益斯坦向东出发一直到梅尔夫，两地之间没有地理阻隔，梅尔夫由于其独特

---

* 此地位于巴基斯坦西北靠近阿富汗边界的帕米尔高原东南部，与其首府吉德拉尔城同名，位于吉德拉尔河岸边，这里是瓦罕走廊的一部分，也是去往中国的古丝绸之路的一部分。

的地理位置，与周围各地都有联系。梅尔夫在历史上有着重要地位，考古发掘证明，梅尔夫绿洲这一辽阔的区域，曾是农业繁荣和商贸活跃的地区。哈里河（Hari）流域*，即捷詹河和穆尔加布河的河口或三角洲可能是中亚最早的人类定居地。人工灌溉河在梅尔夫绿洲出现的时间可能比中亚其他地区要早，这也促进了当地的农业发展。尽管这些绿洲的地理位置十分优越，商业道路四通八达，但在过去，当地文化大多受到南部伊朗高原的影响。

梅尔夫绿洲以东是一片梭梭林（saksaul）和沙漠，绵延两百多公里，直到阿姆河岸附近的农耕区边缘。这片沙漠并非不可穿越，但纵观历史，它是伊朗高原与起自布哈拉绿洲的中亚之间的分界线。大部分是沙漠的大益斯坦地区，是帕提亚人（Parthian）的故土，他们早期的中心位于今阿什哈巴德西边的尼萨（Nisa）。
然而，与其他地区相比，人们在这一地区开展了大量考古发掘。 21
所以，我们需要思考这是否会影响人们对于当地价值的总体看法。

沿哈里河和穆尔加布河而上，继续向南，经中世纪时期的科希斯坦（Kohistan）** 可到达锡斯坦（Sistan），沿途经过现在的马什哈德（Mashhad）***、赫拉特（Herat）、比尔詹德（Birjand）、萨布泽瓦尔—辛丹德（Sabzavar-Shindand），再到法拉（Farah）、尼赫（Neh）和扎博勒（Zabul）。我们发现，上述经过的地区是一个文化单元，被称作“东伊朗走廊”（the east Iranian corridor）。在历

---

* 即捷詹河的中上游地区，哈里河也叫赫拉特河（Herat），是中亚的著名河流。

** 就是山区的意思，在呼罗珊的西边区域。

*** 古代叫图斯，毁于蒙古的西征，现在是一座小镇。

史上，当地通常经卢特沙漠（Dasht-e Lut）和卡维尔（Kavir）沙漠与伊朗西部产生联系，尤其是政治关联。这里有许多古老的坎儿井和从井中提水的风车，但具体年代已不可考。赫尔曼德河（Hilmand）的河水注入哈蒙湖（Hamun）*。此湖会因时节而变化，时为湖泊，时为沼泽。哈蒙湖沿岸和北方的梅尔夫绿洲一样，也是中亚早期的人类居住地。

今天阿富汗的兴都库什山脉是捷詹河、赫尔曼德河、阿尔甘达卜河（Arghandab）** 等的发源地。村落在兴都库什山出现的时间应该要比在低地地区晚，因为人们迁居到巴米扬（Bamiyan）、加兹尼（Ghazni）这样的高山峡谷地区，可能是为了商贸，但更可能是为了逃离低地地区的政治压迫。由此可推测，喀布尔—库赫达曼（Kabul-Kohdaman）山谷可能就是伊朗人和印度人交错的地带，印度文化在早期占据主导地位。高耸的兴都库什山脉是旅途中极大的障碍，此山的古波斯语名字叫“比鹰飞得还高”，《阿维斯陀》称之为 Pairi Uparisaena，希腊语中称作帕洛帕米苏斯山（Paropamisus）。今天喀布尔城以北的山脉是河流的分水岭，以南的河流流向印度河，以北的则流入阿姆河。在现代阿富汗众多山区中，喀布尔—库赫达曼山谷是最大、最富饶的农业区。在历史上的多次征战中，这一地区是南下印度半岛的关键。

在兴都库什山以北和希萨尔山以南的土地之间，阿姆河

---

* 即扎拉湖，因来水减少，形成很多潟湖。

** 是赫尔曼德河东部的最大支流，在坎大哈南汇入赫尔曼德河。

蜿蜒而过，这就是古代的巴克特里亚地区。其东部以巴达赫尚（Badakhshan）和帕米尔高原为界，而其西部从卡拉库姆沙漠向东南方延伸，介于梅尔夫绿洲与巴克特里亚中心的巴里黑城 22–23（Balkh）之间。其北方，众多汇入阿姆河的支流形成了河谷地带，为定居者提供了肥沃的土地。尽管有人会以阿姆河为界，将巴克特里亚地区分成南北两个部分，但阿姆河没有阻隔文化上的交流。古希腊人称巴克特里亚为千城之地，苏尔汉河谷和现代阿富汗北部平原上散落着的许多土堆或土丘（Tepe），为这一古老的称呼提供了例证。

从巴克特里亚北上的最便捷路线，是穿过低矮的希萨尔山脉到达卡什卡河谷，再经过杰尔宾特（Derbent）居民点附近被称为“铁门”（the Iron Gate）的关隘。此关可能得名于贵霜人在城墙上安装的一扇巨大铁门，其目的是保护帝国中心地带免遭北方的侵扰。卡什卡河和泽拉夫尚河都发源于希萨尔山脉的东边，河水没有流入阿姆河就消失在了沙漠之中。这里是粟特人故土的南部边缘，在今天塔吉克斯坦东部雅格诺布河（Yaghnob）一个偏远山谷的当地语言中依然能发现粟特语的痕迹。

粟特人的中心区域是泽拉夫尚河谷，此河流两岸和布哈拉绿洲的三角洲地带均发现了早期人类的居民点。历史上，泽拉夫尚河的河水从未流入阿姆河，而是消散在了其广阔的三角洲中。这一三角洲大部分由沼泽地组成，是打猎和捕鱼的天然场所，但要发展农业就需要大量排水。在这一地区建设排水系统和灌溉系统，需要人们很有组织地进行劳动，这就只有在政府的引导下才能完成。此地在马其顿亚历山大的时代之前，似乎还没有出现这样的政府。粟特地区最早的重要城市就是马拉坎达（Marakanda），即现在的撒马尔罕，也叫阿甫拉西雅卜（Afrasiyab）。此城交通便利、四通八达，历史上一直是战略要冲和商业都会。

撒马尔罕古城和费尔干纳盆地之间是一片干燥的平原，从而在北方的天山余脉和南边的土尔克山脉之间形成了一条狭窄的通
24 道。两条山脉之间，苦盏城依锡尔河而建，成为通往费尔干纳盆地东部富饶地区的门户。在土尔克山脉的北麓，在苦盏城的西南方是古代的苏对沙那（Ustrushana）地区，这里跨越山脉直抵泽拉夫尚河上游。费尔干纳盆地北部和南部高山横亘，得到许多溪流和锡尔河的滋养，因而粟特人很早到此地开垦，前往中国和蒙古高原的粟特商人会从这里经过。

顺锡尔河而下，一直到它在咸海的河口，这一片地区是柘支（Chach）平原，也就是如今的塔什干平原，这里在古代是人类的定居地。塔什干东部的许多山谷中有吸引游牧民族的辽阔丰美牧场，而塔什干西部则是沙漠。粟特人在柘支定居的时间也很早，同时带来了自己的习俗和语言。再后是咸海以南的花剌子模（Khwarazm 或 Choresmia）地区。这里四周都是沙漠，与其他地区隔绝，因此后来才得以形成一个独立的中央集权制王国。阿姆河的河道问题困扰了学者们一个多世纪，但考古调查表明，阿姆河的河道在历史上不同时期曾从乌兹博伊（Uzboi）流入里海，至少一度流入乌兹博伊，抑或是注入咸海。依据考古学家的研究，从公元前 7 世纪到公元 4 世纪，阿姆河未经过乌兹博伊，而是直接

注入咸海。大致在阿姆河流入里海的那一时期，高加索地区与花剌子模存在商品贸易，人们在花剌子模发现了这些商品。

在柘支和花剌子模的北部与西北部，这里的辽阔地区大部分是沙漠，这里连接着哈萨克斯坦和俄罗斯南部的大草原。任何从上述草原向南去的游牧部落，通常会沿着锡尔河往东到塔什干，而不是南下到花剌子模。而且，柘支的东北方，还有伊塞克湖的北部都是天然牧场，几乎没有古代人类定居留下的痕迹。尽管伊犁河谷对考古学家来说几乎是一片未知之地（terra incognita），但 25
在天山山谷和伊犁河谷已经发现了古代农业的遗存。阿尔泰山南坡和准噶尔盆地目前也都是鲜为人知的地区，显然还需要进行大量的考古发掘工作。阿尔泰山以北的西伯利亚和蒙古高原是森林和草原带，但这两块区域已超出本书的考察范围。

最后，在塔里木盆地塔克拉玛干大沙漠的南北两侧，有一连串的大型绿洲。位于天山北坡、距离现在乌鲁木齐不远的地方，就是回鹘的首都别失八里（Beshbalik）。虽然西方考古学家没有机会在此挖掘，但这里早期人类村落的迹象很少。但在天山南坡，是肥沃的吐鲁番低洼绿洲，20世纪初这里发现了丰富的古代遗迹。这里众多的遗迹同样需要进行大量全面的考古发掘工作。吐鲁番夏天炎热，而坎儿井可以减少来自北部天山的冰雪融水的蒸发。吐鲁番向东就是哈密（Hami 或 Komul）。过了这里，沙漠一直延伸到河西走廊的西端，那里邻近著名的佛教洞窟遗址敦煌（托勒密称之为 Throana）。吐鲁番以西到辽阔的库车地区之间分布着一些小型的绿洲，库车曾经是一座著名的佛教中心。在库车以北，在克孜尔（Kyzyl）千佛洞古遗址和今天的拜城周围，是肥沃的农田，但再向西一直到塔里木河岸边都是沙漠地带，河边不远就是今天的阿克苏，附近有一些定居区。沿塔里木河深入沙漠地区，很早以前这里就有人类居住。继续沿塔里木河向西穿过沙漠，就到了喀什的大绿洲，这片绿洲由昆仑山的雪水滋养。人们沿着喀什南部和东部的道路，可以到达莎车绿洲，然后是和阗的大绿洲。和阗周围的沙漠里埋藏着大量的古代遗存，因为沙子的防腐效果很好。这里和埃及类似，都缺乏降水。

26 在和阗以东的古代“丝绸之路”上，分散着许多小型村落。但随后的罗布泊却是很大的障碍，穿过那里才能到达敦煌。而辽阔的青藏高原的南部和东部，并不在本书的考察范围之内。

在此之所以考察新疆的绿洲地区，是因为自古新疆的绿洲与中亚西部在文化、民族、宗教和语言上都有着密切的联系。喀什距离费尔干纳盆地并不远，只隔着一个海拔较低的山口，两地之间的交流非常便捷。此外，从塔里木盆地出发翻越喜马拉雅山脉的道路，以及通往帕米尔和喀喇昆仑的道路都非常艰险，但从商人和佛教取经者留下的记述中可以看出，他们排除万难，在两地之间往返交通。在广袤的印度平原上，香料和其他物产吸引着北方的商人，南方的商人也不例外，香料、玉石和其他奢侈品吸引着他们前往北方以及更远的东方。应当提到，佛教徒最早从印度向中亚传播佛教，后来随着中亚和中国的佛教僧人来佛诞地取经，佛教开始从中亚向印度传播。溯印度河而上，经高山垭口去往中亚的道路很艰难，只有在夏天才能通行，也只有装备精良、满载着奢侈品的大型商队，才有可能取得丰厚的回报。

但新疆的绿洲与西边的中亚绿洲不同，因为这里土地更加干旱，只有依靠雪山融水，才能维系定居生活。各个绿洲之间是成片的沙漠，而西边的中亚绿洲之间的沙漠并没有这么可怕。与新疆各绿洲相比，西部中亚各绿洲之间的交流往来要容易得多。库车、阿克苏、喀什等地的绿洲更依赖山麓腹地，这也许使得它们比西部的中亚绿洲更容易自给自足。总之，相比于新疆的各个绿洲，布哈拉、撒马尔罕、柘支（塔什干）、费尔干纳等地之间在历史上的联系更为紧密。尽管如此，新疆和中亚这两个地区彼此之间在文化上具有相似性，人群也有亲缘关系。

以上是对中亚地理的简要介绍，由此读者可以了解地理因素 27
对东西方商业往来以及民族迁徙的影响。[2]尽管存在地理屏障，但商人和部落还是活跃在沙漠与高山之间，来来往往。他们有的是担忧劫掠，有的则是受商贸利润的驱使。因此，可以用两个词来概括地球上这一地区的历史：贸易和水源。

注释

[1] 本书使用到的地图集有 *Atlas Uzbekskoi Sovetskoi Sotsialisticheskoi Respubliki*（Tashkent-Moscow, 1963）和 *Atlas Tadzhik SSR* (Moscow, 1968)。在 Geografgiz 出版的 *Sovetskii Soyuz* 中，可以找到关于苏联中亚各国的地理书，其中一些书已被翻译成英文。参见拙著《古代伊朗史》（*The History of Ancient Iran*），慕尼黑：Beck Verlag, 1983 年，第 5—6 页。

[2] 关于这一广袤地区地理状况的更多介绍，参见丹尼斯·塞诺（D. Sinor）编《剑桥早期内亚史》（*The Cambridge History of Early Inner Asia*），剑桥：剑桥大学出版社，1990 年，第 430 页。

第二章

民族、语言、传统和信仰

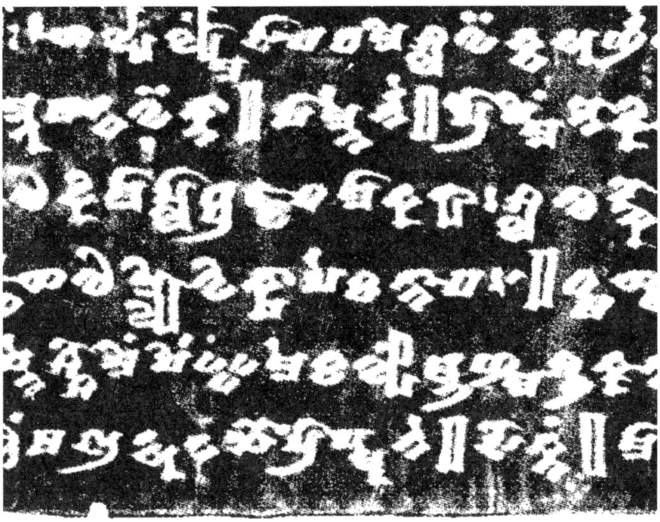

吐火罗文（引自 Hans Jensen, *Die Schrift*）

人们可以通过对比各种史前人类的骨骼化石，特别是通过判断头盖骨化石是双脑型、中脑型还是肱脑型来确定它们之间的差异。但公元前 2 千纪后，这种区分的意义就不大了，因为在印度河下游的摩亨佐·达罗（Mohenjo Daro）这样的遗址中，已经发现了各种人骨和头骨的类型。[1] 中亚地区不同民族之间的主要区别是语言。但由于在文字和文献记录出现之前的中亚没有语言资料遗存，人们在判断当时各民族之间的差别时，只能借助物质文化加以区别，诸如各种陶器式样。 31

但我们很难将特定陶器与特定民族挂上钩，除非我们事先已经知道他们是什么民族。陶器是考古遗址中最常见的物质文化遗存，是重建史前史的最佳资料。但所有的物质文化遗存器物都存在一个问题。人们就会问，当它们在某一考古现场出现时，究竟是当地制作的还是外来的。因为即使在今天，许多地方也会模仿他地的式样和技术。尽管如此，在区分不同文化而非民族时，根据陶器在不同遗址的分布情况来判断仍然是常用的办法。

此外，我们可以利用目前的语言分布来推测几千年前人们的居住地。例如，我们可以认为，公元前 2 千纪初，现在印度次大陆南部操达罗毗荼语的人（Dravidian）不断向北推进。今天在巴

基斯坦俾路支省操布拉灰语（Brahui）的达罗毗荼遗民无论自古
32 以来便在这里，还是最近才从德干高原迁来，哈拉帕（Harappan）文化原住民处在的位置可能位于比阿富汗一些考古挖掘中发现的遗迹更北的地方。我们不知道哈拉帕人是不是古达罗毗荼人，但这也是有可能的。他们的活动范围是否延伸到了中亚，或者只是在那里建立了贸易据点？如果他们生活在那里，是否与古埃兰人（proto-Elamite）有过接触？古埃兰人远到伊朗中央沙漠东部的活动痕迹已被发现。[2]还是说那里有其他早已在历史上消失的未知民族？要回答这些问题，我们迫切需要对锡斯坦以北到如今土库曼斯坦边境之间的未知地区进行考古发掘。虽然只是尝试，但也有可能获得一个确切答案。

虽然中亚本地居民的人数可能不多，也无法辨明他们的族属，但一些学者推测他们可能与现在操布鲁夏斯基语（Burushaski）的民族，也就是浑扎库特人（Hunzakut）有关联。但这只是推测，因为有些民族已经被伊朗人同化了，没有留下遗迹。但围绕在现在操布鲁夏斯基语的民族身边的新谜团，尚需我们作出解释。

操布鲁夏斯基语的民族生活在巴基斯坦北部的浑扎地区。根据他们的历史，其祖先曾生活在新疆的莎车—和阗一带。有人推测认为，在印欧人到来之前，古布鲁夏斯基人的活动范围要比现在大得多。布鲁夏斯基语与藏缅语（Tibeto-Burman）、达罗毗荼语、阿尔泰语系、印欧语系并没有关系，就像比利牛斯山脉的巴斯克语（Basque）以及高加索地区的几种语言与印欧语系并无关系一样。在操印欧语的民族扩张之前，布鲁夏斯基语可能是中亚地区人群使用的残留语言。因为操印欧语的民族有很多，在公元前 2 千纪之后，从印度和中国到大西洋沿岸都存在。

因此我们认为，很多民族在印欧人到来之前已经生活在中亚，但他们的语言今天已经消失，或者说最后的遗留就是布鲁夏斯基语和达罗毗荼语。可能早已消失的埃兰语，或与曼尼语（Mannean）和乌拉尔语（Urartian）相关联的语言，在中亚地区也有一些遗留，但仍在使用这种语言的本地人口和聚落可能很少， 33
甚至没有。很难说中亚在公元前 2 千纪存在严格意义上的，可以与印度河流域和两河流域媲美的城镇。当然，中亚地区也存在聚落，但类似于美索不达米亚或印度河流域那样的大型城市基本要到公元前 1000 年初才发展起来。[3] 一些考古学家可能会表示反对，认为中亚的大型史前土丘可以追溯到公元前 2 千纪。但是，几个相邻的村庄，或四周居民区的寺庙建筑群算不上城镇。城镇是要以艺术、手工业以及专业化的分工为前提的，这也是古代美索不达米亚和埃及城镇的特征，但中亚的早期历史中很难找到这样的城镇。由于人们主要用语言来区分民族，所以让我们从这一方面展开，看看最早的文献——美索不达米亚楔形文字文书。

一些学者将古代美索不达米亚文献中最早记录的印欧语民族称为“古印度人”（proto-Indians），另一些学者则缩小了范围，认为他们可能是现生活在巴基斯坦北部山区的古达尔德人（proto-Dardic）*，

* 居住在巴基斯坦北部、克什米尔、阿富汗东北等地，操达尔德语，属于印度—雅利安语的支系。

也叫卡菲尔人（Kafir）。现在人们普遍认为，公元前 2 千纪上半叶，印欧人在前往印度次大陆和美索不达米亚的路上最早经过了中亚。

关于印欧人最早的一些证据是楔形文字文书，其中有关于定居在美索不达米亚北部的米坦尼人（Mitanni）的内容，他们的统治者与安纳托利亚的赫梯人签订了条约。[4]尽管米坦尼人的情况不属于中亚史关注的内容，但他们具有的印欧元素——也许主要限于统治者，是否通过中亚或越过高加索传入了近东，这点存在争议。现在的共识是，即便一些操印欧语的民族可能很早就离开故土，翻越高加索山脉来到近东，但大部分还是在公元前 2 千纪
34 初或中叶从中亚去近东的。我们推测在这些印欧人到来之前，还有尚未分离的印度伊朗人（Indo-Iranian）或雅利安人（Aryan）可能以小股形式通过中亚南下。伊朗人和印度人都自称雅利安人，我们由此推测，他们在南迁之前可能曾是一体的，共同生活在南俄草原和西伯利亚。这就引出了一个费解的问题：印欧人源自哪里？他们可能的扩张路线、他们的文化和宗教应该是怎样的？许多著作都讨论过这些主题，在这里只是最简单地加以介绍。[5]

尽管现在普遍为人接受的观点是印欧人源自南俄某地，但近年来出现了几种新观点：一种认为印欧人源自安纳托利亚；另一种认为他们来自中国西部的甘肃省。[6]认为印欧人源自安纳托利亚的观点完全基于语言学，主要依据当地大量的古赫梯语文献。尽管这一观点在语言学层面很有说服力，但从历史学角度来看，可能仍有几个问题。一般而言，如果印欧人起源于安纳托利亚，

我们可以猜测第一批印欧人应该向南迁徙到美索不达米亚肥沃的定居区，我们在近东史料中应该可以找到他们早期抵达这里的大量证据。[7]但事实并非如此，尽管小股印欧人可能闯进了美索不达米亚，甚至到了埃及，但有充分证据表明，许多印欧人进入了伊朗高原而不是近东地区，且只是在公元前1千纪。这些印欧人都是来自东方的伊朗人。而且没有任何诸如陶器式样和纹饰的考古证据，可以支持印欧人起源于安纳托利亚的说法。其实，赫梯人和后来的亚美尼亚人一样，似乎都是从巴尔干半岛到达安纳托利亚的。

至于印欧人源于中国甘肃省的观点就更站不住脚了，因为它基于两个前提。第一，早期汉文史料记载了生活在甘肃的月氏人（Yüeh-chih，早期可能读作 Ruzhi），他们是汉籍最早记载的印欧人。第二，人们认为月氏人与那些操属于印欧语系颚音类语言 35
（centum）的吐火罗语（Tokharian）的民族是同种，后者生活在库车和塔里木盆地北部的其他绿洲。但支撑这一观点的前提都存疑。其中最关键的是，吐火罗语是否就是已知最古老的印欧语系语言？虽然几个世纪以来，汉文史料中多次提及月氏人，在今天新疆也发现了吐火罗语文献，但月氏人和说吐火罗语的民族究竟是不是同种？说吐火罗语是“最古老的”显然不正确，因为赫梯语和其他印欧语的文献证据要比吐火罗语遗存早得多。如果不说最“古老”（oldest），而是用“古旧”（archaic）一词来代替，也会产生误导，因为从语法（时态学和句法学）的角度来看，现代阿拉伯语比希伯来语更古旧，德语比其姊妹语言英语更古旧。因此，用这个标准来衡量一种语言在历史时期的确切时间并不可靠。我认为，在更多证据出现之前，印欧人源自安纳托利亚或甘肃的观点都很可疑，而认为他们源自南俄的观点还是相对更说得通的。

需要注意，印欧人并非与蒙古利亚人种相对的高加索人种。具有高加索或“欧洲”体质特征的民族可能很早以前就分布在中国和蒙古高原的西部地区，但我们还不清楚他们的语言属类。

在此，我要简单回答一下“吐火罗人”的起源问题。如果我们假设印欧人的故乡在南俄草原和哈萨克草原，还假设操印欧语系颚音类语言（印欧语系西支）的民族生活在印度—伊朗人和其他操咝音类语言（satem，印欧语系东支）民族的南部，那么操颚音类语言的民族应该是第一批向更南地区迁徙的印欧人。他们会
36 去哪里？古赫梯人可能经高加索或者巴尔干到了安纳托利亚。吐火罗人作为最东边的印欧民族可能会迁到新疆的绿洲，而其他的印欧人则迁往伊朗高原和印度。操咝音类语言的印欧人后来才南迁，在迁徙过程中不断吸收操颚音类语言的印欧人。换句话说，操颚音类语言的人是第一批向南和向东迁徙的印欧人。这种解释可能过于简单，但它确实回应了关于印欧人最早迁徙的一些谜团。

如果说，学者们关于印欧人的起源地很难达成共识，但对于印欧人作为一个整体民族，在分化前已经掌握了农业和牧业的观点，大多数学者都会表示赞同。这个观点的依据是，在印欧语部落到达新家园后，语言中保留了一些共同的词汇。“部落”（tribe）一词就用来描述在西抵大西洋、东到中国边陲之间迁徙的不同民

图 2.1　绘有狮鹫袭羊图案的马鞍套（巴泽雷克 1 号冢，时间大约在公元前 5 世纪）

37 族。我们认为这些人群在迁徙之前可能生活在同一部落社会中，因为部落也是后来诸如日耳曼人、斯拉夫人、伊朗人和其他印欧人的组织形式。在早期的部落社会中，所有成员都必须为整个部落的生计作出贡献，只有妇女和不能再打猎或战斗的年长男子可以从事其他任务。因此部落成员分为两部分：一部分人专门作战和狩猎，另一部分人从事其他工作来满足部落的需要，包括精神需求。当然这只是对部落社会的简单甚至是粗略的描述，还有很多需要补充的，但上述情形适用于那些主要从事游牧的部落，或者至少主要从事放牧的部落。只有在农业和定居社会发展后，印欧人的社会才会出现更多分层。[8]这让我们想起印欧社会和宗教的三层结构论，[9]已故的乔治·杜梅齐尔（Georges Dumézil）先生*是这种观点的主要支持者。

杜梅齐尔首先提出了一个很有说服力的观点，他认为古印欧宗教承认了三个阶层，即祭司、战士和平民（农民和工匠），这种划分法同样也在后来印度、伊朗、罗马、日耳曼和其他宗教信仰的众多神灵中有所反映。于是有人反对说，这种划分不是印欧人所特有的，古代近东和其他大多数人类早期社会都是如此。作为回应，杜梅齐尔进一步阐释三层结构论，将每个阶层又

---

* 乔治·杜梅齐尔（1898—1986），法国历史学家、宗教学家、人类学家、古语言学家、神话学家、考古学家。法兰西学士院院士、法兰西学院教授，主要研究印欧文化。他通过对印欧语系各国神话、史诗、宗教的比较研究提出了印欧古代文明的三元结构模式假说（trifunctional hypothesis），即认为王者（同时为祭司）、战士、平民三个阶层，构成了现实社会中的层次化分布和关系结构体系，也是神话最基本的三个意识形态。

分为两个次阶层，不同的神具有不同的作用。因此，诸如伐楼拿（Varuna）[*]、阿胡拉·马兹达（Ahura Mazda）、宙斯（Zeus）、朱庇特（Jupiter）、沃坦（Wotan）[**]等神，每一位分别对应着因陀罗（Indra）、米特拉（Mithra）、阿波罗（Apollo）、马尔斯（Mars）、托尔（Thor）等神。一个阶层掌管祭祀，另一个阶层掌管作战。当然这种分类较为简单，还有很多派生的分类。杜梅齐尔和他的追随者试图将这一理论上升为一种阐释的基础，以此来解释从印欧人分化出的各种社会在后来的宗教社会的发展。虽然这引起了质疑之声，但杜梅齐尔至少有一种模式和理论，而他的反对者却没有。

此外，此后的分类要么基于二分法，要么基于三分法，没有 38
颠覆杜梅齐尔的基本观点。目前，学界对于杜梅齐尔的观点尚未达成共识，除了对一处基本表示一致，即上文所说的游牧民族一般分为两类群体，但杜梅齐尔会反驳说古印欧人在分化之前并非游牧民族。即使他们迁徙了，也不能表明他们这么做就成了游牧民族。目前可以确定，在公元前3千纪和公元前2千纪之际，部落迁徙时应该是用马或骆驼拉的车来运输家当，而绝大多数人徒步行走。关于他们的迁徙，如果我们能获得更多确切资料，或许能回答一些问题。

---

* 伐楼拿，水神。早于吠陀时期，伐楼拿是天空、雨水及天海之神，亦是掌管法规与阴间的神，是《梨俱吠陀》中记载最突出的阿修罗神，阿迭多（Aditya）众神之首。

** 即奥丁（Odin），是北欧神话中阿萨神族的众神之王。他好战而长于智谋，掌管预言、王权、智慧、治愈、魔法、诗歌、战争和死亡等。

在此不宜过分探究语言学方面的问题，但有一种站得住脚的观点认为，生活在印欧人故乡的伊朗人，或者更确切地说是古伊朗人，已经具备了基本的农业知识，他们迁居到伊朗高原后，又掌握了更多的农业知识。[10]过去许多人类学家认为，世界各地的民族都经历了从狩猎采集阶段到畜牧阶段的变化，而后定居下来从事农业。这种发展论已不再被学界接受，因为各部落可能会从定居转为游牧生活，反之也是一样的。我们知道，生活在采集和狩猎时代的人们并没有驯化动物，相反，农耕民族首先驯化了绵羊、山羊和牛，后来可能还驯化了马。但究竟是气候干旱还是野生动物数量增加促使了畜牧业发展，目前还不能确定。因此，有人认为一些古伊朗人在自己的故土过着定居生活，而后过渡到了游牧生活，当他们来到以自己名称命名的伊朗高原后又回到了农业生活，这种说法也并不奇怪。但如果用这种说法来描述所有伊朗部落的历史，那么就是过度推断了。相反，我们应该知道不同时期的各种生活方式是相互交错的。畜牧业和农业在许多地区是并存的。

就像如今的游牧民和牧民生活在定居绿洲的周围，我们可以设想，很久以前的情况也应该如此。人们驯化动物之后，放牧人
39 可能有时定居，有时迁徙。如果缺乏食物，“定居的”放牧人可能会深入草原，然后变成了游牧民族。但在上古时期，真正的游牧民族相对很少，人数也不多。真正的游牧方式存在的前提是骑马，但这在公元前1千纪以前很少见。我们从古代遗址的各种马具中可以了解到这一点。马镫之类的特征直到很晚以后才出现。

例如，还没有发现5世纪之前的人们使用了马镫的迹象。

这些宏观性的说明应该有助于了解古代伊朗部落南迁的早期历史。关于伊朗人向伊朗高原的迁徙活动，他们在哪里发现了埃兰人，在南部和西部发现了与他们类似的民族，以及西北部的曼尼人和乌拉尔图人、东部的达罗毗荼人，我们能知道得更具体一些吗？当然，上述这些区分是以语言为基础的，语言是民族身份的主要标志，但很难将陶器等物质文化的特征与任何语言群体联系起来。即便如此，还是可以得出一些大致的推测，尽管这些推测具有一定的主观色彩。

现在普遍认为哈萨克斯坦境内被称作安德罗诺沃（Andronovo）文化的考古遗址，是早期伊朗人创造的文化，尽管印度伊朗（雅利安）部落在此之前可能就与安德罗诺沃文化有联系。[11]安德罗诺沃人（以考古遗址命名）生活在使用青铜器皿和青铜武器的时代，流行棺椁葬制。从许多考古遗址的发现来看，人们可能会认为安德罗诺沃文化始于西方，后来才逐渐传播到蒙古高原，并在这一过程中融合了许多地区的文化。从蒙古高原发现的古代墓葬来看，蒙古高原西部当时被欧罗巴人种或高加索人种占据，而蒙古高原东部则居住着蒙古人种。[12]所以蒙古高原就是上述两个人种分布的界线。但在中国西部，高加索人种的分布往南延伸到了中国的甘肃。这些高加索人种可能主要操印度伊朗语，而在安德罗诺沃文化之后，西伯利亚的卡拉苏克文化遗址中，安德罗 40
诺沃人的后继者可能操伊朗语，因为此时印度人已经和伊朗人分化并迁徙到了南方。欧亚草原的卡拉苏克文化跨越了青铜时代和铁器时代，即公元前13世纪到公元前9世纪时期。我们还无法确定当时生活在草原上的民族是否是斯基泰人（塞人），但这较有可能。然而我们很难根据物质遗存得出任何结论，伊朗高原的文献记载对此也没有帮助。

但在物质文化方面，若是讨论伊朗人制作的陶器与中亚和伊朗高原的原住民所绘制的早期陶器有什么不同，各种形状的黑陶或灰陶才是伊朗人的标志，这既不可能实现，也没有太大意义。有人可能认为，反映文化水平的器具可能会从美索不达米亚较发达的城镇传播到伊朗高原和中亚，因此青铜和陶土制成的艺术品不一定按照大批人群迁徙的路径传播，更有可能是商人和旅行者随身携带珍贵物品，沿途的人群仿制了这些物品。换句话说，器物传播的途径不只是军事入侵，它们也可以通过贸易传播，并在中亚等地的墓葬或村落中被挖掘出来。那么，后来的文献材料是否可以帮助我们重建印度—伊朗部落在分化前后的历史呢？

如果从《梨俱吠陀》（*Rigveda*）和《阿维斯陀》的片段《雅什特》（*Yasht*）来看，我们对古代印度伊朗人的印象可能是非常凶悍的部落战士，他们驾着战车，所到之处满目疮痍，就像后来的维京人。学界一致认为，古代印度伊朗人并不是严格意义上的游牧民族，而是对农业有所了解的放牧人。他们在中亚南部的绿洲遇到了大型聚落，有着比自身更加发达的文化。有人可能会问，这些入侵者给当地带来了什么，他们又从当地人那里学会了什么？这里有必要将伊朗人与其他的印欧民族进行对比。例如，火葬在古希腊、斯堪的纳维亚、印度等地都是一种处理尸体的方

式，我们认为这源自印欧人未分化之前的习俗。而后来伊朗人让 41
秃鹰和其他动物分解尸体的做法，很可能取自中亚当地习俗。当然这只是推测，语言学家也找到了许多与丧葬习俗相关的词汇的词源。很明显，不同语言之间存在相互借词的情况，甚至不同语族的语言之间也是如此。有人会认为古伊朗语与古乌拉尔语以及阿尔泰语之间在早期就有相互借词的情况，这已经得到了一些研究的证明。[13] 简言之，古伊朗人和亚洲北部其他民族之间的接触说明，古伊朗人还有更早的印欧人，他们的起源地应该在俄罗斯南部和哈萨克斯坦一带。

对于中亚、阿富汗或伊朗众多史前考古遗址中的文物和建筑，我们在此不可能充分讨论，因为我们不知道这些器物的制作者是谁。在历史长河中，文化面貌可能会有很多明显的差异，但关于早期文化的图景却并不清晰。希望未来考古发掘中的大量材料可以交叉印证，让我们更好地了解遥远的过去。

关于自古以来中亚民族的一些宏观阐述，我们应按照时间顺序加以考察。众所周知，游牧民族和农耕民族之间持续不断的冲突主导了中亚的历史图景，因此我们需要考察二者之间的一些差异。当然，根据较晚时期得出的观点来推测遥远过去的做法存在风险，但还是有一些借鉴意义的。游牧和农耕之间常规的交往模式，可以概括如下：游牧部落组成联盟或收编战败部落，并依靠征服来扩大势力。7 世纪的阿拉伯征服时代，伊斯兰教的麦瓦利
（mawali，门客）制度就是结盟的例子。达成结盟是依靠武力还是 42
游说，这并不重要，因为结果是一样的：一个氏族或部落向另一

个氏族或部落效忠，这通常要归功于首领的个人能力或魅力。在中亚尤其如此，对首领的崇拜对于“国家”的统治至关重要。但在中亚，“克里斯玛式氏族”*的观念或认为某个氏族生来为王的观念出现得很早，而且似乎为每一个氏族成员都提供了建立统治的基础。当然，要确保其他人的忠诚，最重要的还是首领的个人素质。问题在于，一位首领如何在大草原上取得权力，他成功的条件又是什么？

我认为，区分两种类型的部落民是很有意义的，至少要区分他们关于尝试建立国家或者帝国的态度。对比今天俾路支部落成员与阿富汗或帕坦（Pathan，普什图）部落成员对他们各自首领（khan）的态度，就会发现最鲜明的差异。但关于这两种部落民都有一个普遍的预设，即首领通常出自那些曾经领导过部落的氏族，而且该氏族统治的传统受到所有部落成员的拥护。在一个拥有特殊地位的，或被认为重要的俾路支氏族或家族，一位成员有权利凭借在氏族中的地位进行统治。他还可以凭借魅力或其他能力，既统治本氏族成员，又获得其他氏族或部落成员的效忠并加以统治。就目前所知，俾路支部落中没有产生首领的集会或选举。所有人都希望某一氏族的首领能秉持自己的品质，如此一来后者自然就会有人跟随。

但对于普什图人而言，统治的合法性，有时甚至是创立政权的基础则来自一个由许多部落首领组成的正规或正式议事机构。

---

* 克里斯玛，意为充满领袖魅力的。

在普什图人中，支尔格大会（普什图语为 loya jirga）* 的机制就类
似于蒙古人的忽里勒台大会（quriltay）或帖木儿王朝的养基大会
（janki）。这些议事会议或者大会限制了领导者的权力，从某种意
义上说首领是由大会“选举”产生的。用于形容爱尔兰古代王权
制度的“tanistry”（选妥的继承人）一词可以较好地说明中亚地
区的首领选举制度，即氏族成员中谁可以带领部落打仗并从定居 43
势力那里夺取战利品，那么他就最有资格成为统治者。阿富汗的
部落民并不像俾路支人那样无条件地追随首领，如果首领没有达
到部落成员的期望，部落成员就会对他产生质疑。

但对于一个定居国家或帝国而言，官僚制度是曾经最重要的或至少是明显的统治特征，现在也依然如此。当一位部落首领建立起草原帝国时，定居国家的官僚制就成了不断发展或致力于“帝国扩张”的部族组织的对应制度。除了机构本身具有内在动力，想要继续维持甚至经常扩大以外，是什么因素使得官僚制度一直存在？我认为，关键在于定居国家将传统神圣化，这也提供了延续的动力。这不仅延续了官僚制度，还使得统治的其他特征得以保持。传统义务的最终结果通常是民众普遍信仰国教。这在中国体现为儒家思想和官僚制度的联合，而在伊朗的萨珊王朝则体现为琐罗亚斯德教的各级教徒与世俗官僚一起参与治理。但在草原上很少出现一种“国教”，而是有很多信仰同时并存。这通常表现为游牧民族始终就不够重视成体系的宗教制度需求。总

* 又称大国民会议，是阿富汗讨论决定重大国事的传统方式。

之，草原地区和农耕地区在这一方面具有明显差异。

此外，对于农耕国家，尤其是中国和伊朗，君主的权力几乎没有受到任何限制或制衡，因为他们是上天在人间的代表，权力由神赋予或至少拥有神性。社会几百年不变，因为在农耕国家中，稳定压倒一切。如果君主及其子嗣能保护百姓，维持正义，那么国泰民安。但如果君主昏庸无道，纪纲奔乱，那么臣民就可能揭竿而起，因为天命已违。君主可换，但制度，特别是官僚制度依然如旧。在农耕国家，若君主暴虐无道，臣民会一直惶恐不安，
44 对国家也没有信心。总体而言，我们发现农耕国家的统治者和被统治者都希望社会保持稳定，因此国家和社会的结构都缺乏变化。不过，统治者的魅力依旧是维持社会稳定的重要因素。

我们多次提到过草原统治者的个人魅力问题，但这一点对于农耕地区的统治者而言也很重要。比如在古代伊朗，有很多词汇可以表达王权的“神圣”，其中最常见的包括阿维斯陀语中的 xvarə na、粟特语中的 prn、新波斯语中的 farn 或 farr。突厥语中对应的词是 qut，意思是“荣耀”，但这个词缺乏波斯语中的宗教意涵。突厥人的这一观念很可能借自粟特人，但表示这一观念的词并不是从一种语言传到另一种语言的。在伊朗语（波斯语）中，farr 的意思是土地和民众的“财富”或“荣耀”，而在古突厥语铭文中有类似的说法，例如 il ötükan quti，即“于都斤国圣地”。* 这

* 该句有很多含义，详见白玉冬《回鹘语文献中的 Il Otükan Quti》，《唐研究》第 22 卷，2016 年，第 443—456 页。

两个例子尽管都涉及土地，但通常是统治者才具备领袖魅力。在蒙古语中，su 一词表示大汗的魅力，与突厥语的 qut 一词含义相近。尽管各种术语看起来一样，但伊朗人、突厥人和蒙古人各自对统治者魅力的看法是否一致？这是指君主的魅力还是王权的魅力？我以为，对伊朗人来说，王权制度本身更重要，而对阿尔泰语系的游牧民族来说，首领的个人魅力则更为重要，对塞人来说可能也是如此。

如果继续对比游牧国家与农耕国家，我们会发现，农耕社会的任何一次革命或更替都意味着对行政和官僚机构的征服或控制。这一过程中也许会出现一些新变化，但征服在本质上只是更换最高统治者。正如前文所说，游牧民族的权力组织或统治秩序的任何变化，都意味着部落结盟后的征服。对农耕国家来说，征服通常意味着领土的扩大，而对游牧民族来说，征服就意味着控制农耕民族或夺取他人的财富。当我们研究游牧国家的经济基础时就会发现，历史上农耕民族对游牧民族最大的不满就是后者会 45
掠夺他人（即农耕民族）的土地和劳动果实，这让游牧民族背负着破坏生产和掳掠者的骂名。这并不意味着农耕民族不会像游牧民族那样掳掠或抢劫，农耕民族的目标通常是扩大、开发自己的土地，也就是他们所说的重视生产。

游牧国家的军事依托也不同于农耕国家的军队。草原上，军队由部落战士或部落百姓组成，古波斯语称之为 kara，德语为 Heer，相当于突厥语和蒙古语中的斡耳朵（ordu），意思是“大帐”。而农耕国家的军队通常由各种类型的职业军队或常备军组成。当波斯人在阿契美尼家族的领导下建立帝国时，kara 就成了一支职业军队（spada）。在前伊斯兰时期的粟特，我们发现存在奴隶兵役制，将普通民众和职业军人有趣地结合在了一起，见下文讨论。

我们在此只能略微谈及的另一个话题就是游牧艺术。因为在中亚草原游牧民族的土堆墓穴（kurgan）中，人们发现了用金、木、皮、铜、铁制成的所谓极具风格的“动物图案”艺术品，数十年来这些艺术品让艺术史专家们魂牵梦萦。关于这种风格艺术的起源众说纷纭，有人说是起源于伊朗扎格罗斯山脉（Zagros）的卢里斯坦（Luristan），有人说是高加索山脉，也有人说是南俄或蒙古高原，但所有这些地区出土的器物都惊人的相似。中亚草原最早的物件上绘有雄鹿或鹿群，要么只有鹿，要么刻画了狮子或狼捕鹿的场面，很有特色。有人认为鹿是一种图腾动物，自然在古代草原艺术中占据了主导地位。

在奥塞梯人的《纳尔特》（*Nart*）史诗中，英雄巴特拉兹（Batraz）骑在一头鹿上，鹿也许是奥塞梯人的祖先——古代阿兰人（Alan）的图腾。在蒙古高原也出土了刻有鹿的石碑，这证明这种动物在更东地区人群的传统中具有重要地位。马在艺术中出现的时间较晚，可能就是在游牧民族开始接受农耕地区（来
46 自俄罗斯南部的希腊据点）的艺术传统的时期，当时草原艺术发生了变化。但甚至到了公元前 5 世纪，在西伯利亚的巴泽雷克（Pazyryk）墓中，还有一匹随葬的马戴着鹿角头饰，这反映了早期传统的持续影响。

图 2.2　铜印铭牌（巴泽雷克 2 号冢）

人类掌握骑马技术后，也为以金属针、金属钉和后鞧饰为主的动物风格艺术增添了许多新物件，诸如马衔、缰绳、马饰等。这并不是说卢里斯坦青铜器艺术与西伯利亚游牧民族的艺术一样，而是说透过这些艺术风格，可以观察到一种相近的文化或者气质。艺术史学家已经揭示了各地区的艺术有许多差异，但是构图奇异、风格鲜明的动物和怪兽图案也反映出青铜时代文化之间的相似性。

中亚历史的另一个方面就是“中央—边缘”的关系，虽然作
47 为一个整体的中亚就处于中国、伊朗和印度的边缘。中亚在日后的相关文献中给人的印象就是，只有城市才重要，生活在城市中的上层精英主要接触的对象也是其他城市的上层人物，而不是本地的百姓。这或许是普遍现象，因为只有上层人物才有机会创造历史，或拥有关于自己的历史。当然也有人会说，“农耕—游牧”的二元关系就是一种“中央—边缘”的关系，但我们必须区分农民、牧民还有生活在偏远地区的人，最后一类人在距离前两类人很远的地带生活。还有一种分类就是拓殖者与中央和边缘的关系，比如迁居蒙古高原和中国的粟特人。或者说拓殖者本身与其故乡之间也可以是一种“中央—边缘”的关系。显然，这些关系和感觉都很重要，我们在对中亚历史进行任何重建时都需要加以考虑。但是，很难将它们作为一种模式来恢复未曾记载的历史。

既然我们已经提到了精英阶层，最后对他们作一番总体评价，或许读者会感兴趣。精英阶层不只是掌握土地的贵族或游牧部落首领，还包括商人和匠人，他们是对文明发展起推动作用的

角色，是真正的精英，但在游牧国家和农耕国家中都被忽略了。与现在一样，在当时，国际贸易是帝国得以建立并维持稳定的关键因素。本地的必需品贸易固然重要，但在很久以前，远距离的奢侈品贸易对变革以及知识的传播有着更深远的意义。随着贸易路线发展并得到官方的保护，市场也逐渐扩大。早在货币发明之前，商人就拼上身家性命，以求从奢侈品的长途贸易中获利。

我们在叙述里引申的内容太多了，但这些总体的视角将有助于读者理解下文的中亚史内容。

注释

[1] John Marshall, *Mohenjo-daro and the Indus Civilization*, London: Prbosthain, 1931. 用于划分种族的唯一依据是肤色——黑、白、黄，即尼格罗人种、高加索人种和蒙古利亚人种。

[2] J. Deshayes, *Le plateau iranien et l'Asie centrale des origines à la conquète Islamique*, Actes du Colloque International du CNRS, no. 67 (Paris, 1977). 还可参见 C.C. Lamberg-Karlovsky, "The Proto-Elamites on the Iranian Plateau," *Antiquity* 52（1978）, pp.114–120; J.-F. Jarrige, "Les relations entre l'Asie centrale et meridionale, le Baluchistan et la vallée de l'Indus à la fin du 3e et au debut du 2e millenaire," in *L'Archéologie de la Bactriane Ancienne*, Colloque international du CNRS (Paris, 1985), pp.105–118。

[3] H.-P. Francfort, "*The early periods of Shortughai (Harappan) and the western Bactria culture of Dashly*," in B. Allchin, ed., *South Asian Archaeology*, Cambridge Univ. Press, 1984, pp.170–175; A. Parpola, *"The Coming of the Aryans to Iran and India and the cultural and ethnic identity of the Dasas," Studia Orientale* 64(1988), pp.195–299.

[4] 关于早期近东地区印欧人问题的出版物有很多，如 M. Mayrhofer, *Die Arier im vorderen Orient, ein Mythos?* V.R. Curtis, *Indo-European Origins* (New York: P. Lang, 1988), 以及文章选集。参见 A. Scherer, *Die Urheimat der Indogermanen*, Darmstadt: Wissenschaftliche Buchgesellschaft, 1968。

[5] 参考书目见 *Journal of Indo-European Studies* (1973), in *Études indoeuropéennes* (1982) 和 *Indogermanische Forschungen*。

[6] 相关的论点见 T. V. Gamkrelidze 和 V. V. Ivanov, *Indoevropeiskii Yazyk i indoevropeitsi*,

2 vols. (Tbilisi, 1984), pp.428, 888。关于甘肃的理论，参见 A. K. Narain, *On the "First" Indo-Europeans, Papers on Inner Asia 2* (Bloomington: Indiana University, 1987), p.28。

[7] 参见 Marija Gimbutas, *Die Ethnogenese der europaischen Indogermanen*, Innsbruck: Univ. of Innsbruck,1992, p.29。

[8] 参见杜梅齐尔的著作 *Dieux souverains des indoeuropéens*, Paris: Gallimard, 1986。以及 G.C. Rivière, *Georges Dumézil à la découverte des Indo Européens*, Paris: Copernic, 1979, p.271。

[9] 有关支持和反对杜梅齐尔理论的著作，参见 C. Scott Littleton, *The New Comparative Mythology, an Anthropological Assessment of the Theories of Georges Dumézil*, 2nd ed., Berkeley: Univ. of California Press, 1973，以及 J. Brough 对杜梅齐尔理论的攻击，"The Tripartite Ideology of the Indo-Europeans: an Experiment in Method," *BSOAS 22* (London, 1959), pp.89–95。

[10] K. F. Smirnov and E. E. Kuzmina, *Proiskhozhdenie Indoirantsev v svete noveishikh arkheologicheskikh otkrytii*, Moscow, 1967.

[11] 一部科学通俗读物介绍了关于安德罗诺沃文化的考古研究情况，见 E. E. Kuzmina, *Drevneishie skotovody ot Urala do Tyan'-Shanya*, Frunze, 1986, p.132。

[12] 参见 E. A. Novgorodova, *Drevnyaya Mongoliya*, Moscow, 1989, esp. pp.316–321。

[13] 参见 E. Korenchy, *Iranische Lehnwörter in den obugrischen Sprachen*, Budapest: Akademiai Kiado, 1972，以及 A. J. Joki, *Uralier und Indogermanen*, Helsinki, 1973。

第三章

史前时代

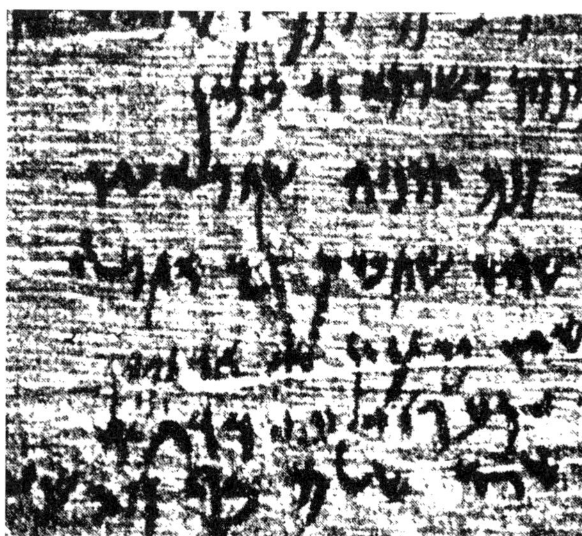

阿拉米亚文（引自 Hans Jensen, *Die Schrift*）

历史学与考古学有所不同。由于历史学主要从文献出发，所以要想获取中亚的知识，我们只能借助西边巴比伦人或东边中国人的记载。可惜的是，这两个农耕民族在如此久远的古代还没有关注到中亚。因此我们必须借助考古学来了解中亚的情况，还要结合美索不达米亚和中国北部等我们更熟悉的农耕区状况来理解中亚。诚然，这种认识浮于印象，但总体来看它是以物质文化方面的发现为依据的。 53

有人认为，各地的人类在公元前3千纪之前的主要目标就是解决生计问题。而从那时起一直到20世纪初，人类的目标则是为了摆脱恐惧。还有一种更普遍的看法认为，在男人们狩猎觅食并与野兽搏斗的时代，人类社会普遍处在母系社会。后来农耕生活发展起来，男人们开始相互攻杀，于是各地都形成了父系社会。毋庸置疑，在人类文明史，尤其在中亚史上，灌溉技术的传播和铁器的使用占据着重要地位，而且这两项发明可能都是由南向北传播的。但我们从考古资料中可以得到哪些宏观信息呢？根据考古证据，有人会认为，美索不达米亚的城镇经历了很长一段时间的衰落，从公元前3千纪中期一直延续到公元前9世纪的亚述帝国时期。

但是在中亚，各地区之间反复地分分合合，这似乎与美索不
54 达米亚的情况有所不同。此外，大约在公元前1800年或者更晚一点，美索不达米亚、中亚和印度河流域似乎同时遭遇了危机。此时美索不达米亚的苏美尔文明走向衰落，而东边印度河流域的哈拉帕文化也在衰亡。在中亚的几个遗址，特别是土库曼斯坦的纳马兹伽（Namazga）遗址中，我们也可以发现当时的中亚地区经历了类似的衰落。[1]导致所有这些危机的原因是否都是水资源的减少以及畜牧业相较于商业和农业的发展？还是说外部入侵导致了这些危机呢？现在人们只能推测，但在这三个地区，上至城镇中心，下至农村，都发生了巨大的变化，这也许是民族迁徙所导致的。

这就引发了历史学的一个老问题，它在史前时代的领域特别棘手，即某地区所产生的发明或变化是当地内部独立发展出来的，还是由外部传播而来的？有些考古学家提出，游牧部落的大规模迁徙是城市化衰退的主要原因。[2]有人认为“过度城市化”（hyperurbanization）导致了美索不达米亚文明的衰亡，并引发了逃离中心城市的现象。[3]还有一种观点认为，城市和乡村在早期阶段没有明显的差别，这说明各地文化并没有实质变化，只是经济衰落了。[4]总之，人们普遍认为上述三个地区的确发生了变化或衰落。中亚的绝大部分地区不具有像印度河流域和美索不达米亚那样的地理统一性。因此在大规模灌溉系统取代并不密集的旱作农业之前，中亚地区与其他大河流域相比，生产力较低，人口也相对稀少，在发展中处于落后地位。我们尚不清楚中亚何时发展

出与美索不达米亚地区类似的大规模灌溉渠，但如果存在技术传播的情况，有人就会推测这是从美索不达米亚传到中亚的。

如果有人假设中亚受到了美索不达米亚的影响，那么观察一下美索不达米亚的发展就可以有助于理解中亚的情况。根据美索不达米亚的楔形文字资料，人们会认为城市中的神庙是第一个兼具经济和政治职能的设施。在古代美索不达米亚社会中，宗教 55–56
节日和祭祀仪式意义重大，而神庙中的僧侣们征用土地、积聚财富，从而为当地的市场提供经济支持，并培养手工艺人。宗教节日伴随着贸易活动产生，神庙也从商业经营中获得了许多利润。补充一句，神庙在向信徒们解释宇宙万物的同时，也成了社会秩序和公平正义的守护者。但随着世俗统治者的土地和财富的增加，世俗统治或王权的观念开始抬头，人们希望君主可以保护集体，弘扬正义。君主的权力对寺庙及祭司的权力带来了挑战。我们很难确定世界各地是否都经历了从祭司统治向世俗君主统治的转变，但在古代美索不达米亚，神庙和国家成为权力和影响力的两大来源。那么中亚的情况是否也如此?

在近东或中亚地区，考古学家将任何无法被视为民居的大型建筑都统称为神庙，把任何不清楚用途的器物都视为宗教用具。此外，如果一件器物不是工具，也不是饰物，那么最简单的办法就是认为它具备宗教用途。考古发掘中出现了许多这样的建筑和物件，我们可以认为，宗教在中亚可能和在美索不达米亚一样重要。由此，祭司神庙在中亚的作用应该接近美索不达米亚的情况。但在美索不达米亚，王国乃至帝国的建立几乎没有任何地理障碍，而在中亚的群山和沙漠中建立统一政权相当困难。因此，纵观历史，成功统一中亚各绿洲的往往是外部势力，依靠当地内部很难完成。中亚有美索不达米亚那样的寺庙和祭司，但基本无法像美索不达米亚那样，形成一个机制完备或统一的宗教体系。当然，历史中有很多变化，但很难确定具体时间。我们该如何建立史前阶段的时间顺序呢？

57 考古学家将文字记录出现之前的时代分为石器时代、青铜时代和铁器时代，石器时代又分为旧石器时代和新石器时代，而青铜时代又分为较早的铜石并用时代和完全的青铜时代。这种划分方式主要依据各地遗址中所发现的工具材料和类型，而且世界不同地区有不同的时段划分。最大的变化出现在采集食物的旧石器时代向自产食物的新石器时代过渡的阶段，此时出现了农业和畜牧业。几乎不可能确定中亚各个时代的准确时间，但一般认为，在公元前 3 千纪，中亚地区的人们开始使用金属，首先是铜，然后是青铜，而使用铁器至少到公元前 1 千纪才开始。[5]我们不可能对大量遗址和相关的出土文物全部进行分析，只能根据出土材料进行总体考察。至于我们所得出的任何必要结论，必须参考发掘遗址的考古学家的意见。

前文已经提及，印度河流域文明在公元前 1800 年至公元前 1700 年间崩溃，同时美索不达米亚和中亚也出现了类似的危机。据说大致在此时，也许更早，可能来自中亚的印欧语人群，也就是印度—雅利安人的前身，首次出现在美索不达米亚。在巴比伦文献中，他们被称为古提人（Guti）。泥板文书中记载了他们的一些词汇，这些词汇所属的语言与中国西部的吐火罗语类似。[6]但人们没有普遍接受二者是同一种语言的看法，因为这些词的词源存在争议。吐火罗语属于印欧语西语支的颚音类语言，与印欧语东语支的咝音类语言并不相同，因此古提人的语言大概属于西语支颚音类的语言。如前文所说，我们可以认为操颚音类语言的民族可能是第一批离开祖居地的印欧人，而古提人和吐火罗人都选择南下，前者去了近东，后者去了中国的西部。当然，这完全是推测，缺乏确凿证据，但即便古提人中确实有操颚音类语言的 58
人，人数也不会多，而且他们很快就被同化了。几个世纪后美索不达米亚北部的米坦尼统治者进一步证实了我们的推测。

从一些楔形文字中保存的词语或姓名形式来看，似乎米坦尼人，或只是其中的一些统治者，要么属于雅利安人（分化前的印度—伊朗人），要么属于古印度人，再要么属于古达尔德人或卡菲尔人，但他们都说咝音类语言。然而他们几乎没有留下什么痕迹，因为后来我们只听说过阿塞拜疆的曼尼人王国，以及北边高加索山麓的古乌拉尔图（Urartu）王国或南部的埃兰王国。对米坦尼人最简单的解释是，他们的统治者最初是一小群操咝音类语言的印欧人，这群印欧人经伊朗高原深入美索不达米亚，并短暂地统治了美索不达米亚的北部地区，然后在公元前 1500 年左右融入居住在伊朗西北部的胡里安人（Hurrian）——包括乌拉尔人和曼尼人。

从公元前 1700 年至公元前 1400 年，中亚文明和近东文明——如果没有其他地方的话，都经历了衰落期，这也许是一个巧合。许多学者说，这大约是青铜时代以来世界周期的一部分。[7]在他们看来，下一个阶段是从公元前1400年到公元前1200年，贸易和商业迎来相对繁荣，并在随后的公元前1200年到公元前1000年经历衰退。此后从约公元前1000年到公元前800年又是一个恢复和发展的时期，再然后是从约公元前800年到公元前550年的衰退期。这种周期随着阿契美尼德王朝的建立而出现了积极变化。关于周期的确切日期和覆盖的地理范围一直存在争议，但大多数关注历史周期理论（或只限于史前时代这一阶段）的学者普遍会接受上述顺序。这个理论对于我们解释过去有何作用？对当时的人们又意味着什么？

大多数学者都认为，古往今来，盛衰无定。但关于这种周期
59 的地理范围以及兴衰的节奏或规律，争论颇多，主要因为数据并不准确。

考古学的证据在中亚地区可能会产生争议，因为不同遗址文化层之间的关联往往只依靠一些陶器或其他物质文化方面的文物。如果对大量遗址进行调查，就有可能发现一些总体趋势或贯穿其中的线索，从而可以推测出整个地区繁荣或衰退的模式。洪水或蝗灾等地方灾害，显然会破坏这种宏观模式的规律，所以研究者在判断中亚的周期系统时必须谨慎，更不用说世界范围的周期系统了。尽管跨区域贸易在古代经济生活中发挥着重要作用，但我们对古代的判断往往因现代世界的便捷通信和经济关联而发生偏差。另一方面，由于各地之间距离很远且通信困难，一个地区发生饥荒并引发衰败，可能对另一个地区并没有影响。但总体

而言，公元前17世纪到公元前14世纪大衰退的情况似乎可以从这一时期粗劣的陶器和荒凉的村落中得到反映。对于从中亚史前阶段一直到阿契美尼德王朝建立期间的中亚历史，我们可以大致得出什么结论呢？

从公元前3千纪到公元前1千纪中期，除了从山麓迁移到平原的人口不断增长外，中亚地区农业和城市的地理范围似乎没有什么大的变化。河流三角洲仍然是种植农作物的最佳地点，人们开凿灌溉水渠，使河流两岸的耕地逐渐扩大。随着人口增长，水渠以及从水渠分出的沟渠数量也在增多。到了公元前2千纪，中亚地区的大多数猎人和食物采集者已经变成了驯养牲畜的牧民或定居的农民。

人们驯化骆驼和马用于拉车。另外从陶工转轮上的陶器可
以看出，制作金银器或陶器的工匠们也改进了制造技术和提高了 60
审美品位。对于各个考古遗址，如乌兹别克斯坦南部的萨帕利（Sapalli）文化和雅库坦（Jarkutan）文化、土库曼斯坦的纳马兹伽文化以及其他许多遗址，在此不一一描述，仅概述一些大致特点。

但还是要提及哈萨克斯坦的遗址，如辛塔沙（Syntasha）文化和更东边的米努辛克斯（Minusinsk）盆地的一些遗址，因为这片广阔地域正是印欧人驾车南征的起点。在阿凡纳谢沃（Afanasievo）文化以及前文所说的安德罗诺沃文化和卡拉苏克文化中，都发现了物质文化从南俄传播而来的轨迹，这可能与印欧人的扩张有关。卡拉苏克文化被证实大约在公元前1500年传播到费尔干纳河谷，并显然一直向东延伸到了中国新疆。但中亚在

公元前1700年到公元前1400年遭遇的文化衰落，主要是因为北方部落（大概是印欧人）的迁移，还是因为包括土地盐碱化和耕地枯竭在内的各种因素？我们目前还难以确定。也有可能是长期的干旱或其他自然灾害造成了衰退。无论如何，在公元前2千纪中期的几个世纪里确实发生了变化。在此期间，印度次大陆的哈拉帕人城镇衰落，喜克索斯人（Hyksos）入侵埃及*；安纳托利亚的赫梯王国式微，加喜特人（Kassites）统治了美索不达米亚。加喜特人的统治者可能是印欧人，或者只是一些印欧部落加入了其统治阶层。亚诺什·哈尔马塔（J. Harmatta）根据楔形文字中几个名字的词源，巧妙地揭示了从美索不达米亚边境到今天新疆之间这片广袤地区的种族构成。[8]

哈尔马塔试图找出公元前2千纪早期里海以东三种古老文化之间的连续性。第一个是新石器时代的哲通（Jeitun）文化（来自土库曼斯坦的一个遗址），第二个是同时期的克尔特米纳尔（Kelteminar，在花剌子模），第三个是最东边的希萨尔文化（位
61 于塔吉克斯坦西部）。哈尔马塔认为哲通文化的创造者是最北端的古达罗毗荼人，创造克尔特米纳尔文化的是加喜特人（哈尔马塔称之为喀西瓦，Kasva-），而希萨尔文化的创造者是现在布鲁夏斯基人的祖先。虽然他没有这样说，但也许加喜特人与胡里安人和乌拉尔人有关系。用哈尔马塔的话说：“古印度人中的农

* 喜克索斯人建立了喜克索斯王朝，于公元前18—公元前16世纪统治埃及，亦称“牧人王朝”。

耕民族和游牧民族第一次进入克尔特米纳尔文化区，可能加速了西部喀西瓦部落的经济社会发展。而古印度人的战车武士大迁移所造成的第二波冲击，则导致喀西瓦人最发达的那一支侵入了巴比伦人的美索不达米亚。最后，古伊朗游牧骑兵（属于辛塔沙文化和安德罗诺沃文化）的大规模迁徙，即印度—伊朗人的第三波冲击，则迫使不太发达的喀西瓦部落要么撤至难以进入的山区，要么撤至北方的森林草原地区和针叶林地带。”[9]他的说法在逻辑上完全说得通，但是这个说法由于缺乏事实依据而显得过于大胆，在考古中也没有得到证明。尽管如此，古印度人（哈尔马塔视之为现在的达尔德人和努里斯坦人的祖先或巴基斯坦北部卡菲尔人的祖先）的迁徙及其迁徙的年代尚有很多争议，但哈尔马塔至少提供了一个框架的基础，可以根据新的发现而进行修正。

在我们将关注点从雅利安人（或印度—伊朗人）身上移开之前，有人会问，要想鉴别那些从中亚迁徙到印度或伊朗高原的民族的路径，需要在考古学层面发现什么特点呢？与雅利安人有关的一个特征是用马祭祀以及殉马，或一种对马的祭拜。无法确定这一点是否为雅利安人所特有，但雅利安人用马献祭是肯定的。另一个雅利安人的信仰特征是对火的崇拜，即使雅利安人不是首创了火崇拜，他们也至少是这种崇拜的继承者和传播者。还可以通过丧葬习俗来识别雅利安人，但很难判断，这个标准也很模糊。雅利安人可能和其他印欧人一样，最初实行火葬，但后来改 62
用土葬，甚至出现了暴露尸体的天葬。如前所述，这种做法可能习自中亚的本地人群，也可能是雅利安人向印度和伊朗迁徙时，路上皆是草原和沙漠，缺少树木而导致的结果。冶金术也是雅利安人的一个特征，但未经证实，一些学者认为雅利安人将铁制工具和器具带到了近东和印度。我们至少可以说，雅利安人有力地推动了青铜器以及后来铁器的传播。他们的武器在这种传播过程中发挥了重要作用，这一点在相关考古活动中已有所发现。

雅利安人是驾驭马拉战车的能手，也是经验丰富的牧人。鉴于雅利安人的远距离迁徙，这一点也不意外。问题在于，雅利安人和后来的伊朗人在进入未来居住地的过程中，是以连续渗透的方式进入的，还是分了好几次才迁入的，这一点我们无法确定，但这个过程似乎延续了几个世纪，并非是由一次大规模迁徙完成的。

上述特点表明，哈萨克斯坦的安德罗诺沃文化是雅利安人以及印度人南迁后留在中亚的伊朗人所创造的。叶琳娜 · E. 库兹米娜（Elena E. Kuzmina）的著作集中研究了安德罗诺沃人的考古遗址，她追溯了雅利安人从公元前 17 世纪至公元前 16 世纪开始向南方迁移的历史，证据确凿，令人信服。[10] 关于他们徒步前行、驾驭马车或战车的情况，在考古遗迹中也有所反映，《吠陀》（*Veda*）中也记载了他们的战车。总之，他们不是后来那种骑马的游牧民族。[11]

纵观历史，伊朗人在中亚和伊朗高原扩散的过程与后来突厥人的扩张比较类似。与安纳托利亚的突厥化过程类似，伊朗人把他们的语言和许多习俗带给了本地人群，而本地人也把很多当地的文化习俗传给了伊朗人。这就造成了阿契美尼德王朝初期的交融局面。但我们首先应该关注一下琐罗亚斯德和《阿维斯陀》。

注释

[1] 关于纳马兹伽文化，参见 P. L. Kohl, *Central Asia, Palaeolithic Beginnings to the Iron Age*, *Editions Recherches sur les Civilisations*, Paris, 1984，第 206 页及以后的内容。有关各种遗址的信息，参见 G. Koshelenko, *Drevneishie Gosudarstva Kavkaza i Srednei Azii*, Moscow: Nauka, 1985。

[2] V. Sarianidi, "Margiana in the Bronze Age," in P. L. Kohl, *The Bronze Age Civilization of Central Asia*, New York: M. E. Sharpe, 1981.

[3] R M. Adams, *Heartland of Cities*, Chicago: Univ. of Chicago Press, 1981, p.250.

[4] I. M. Diakonoff, "The Structure of Near Eastern Society Before the Middle of the 2nd Millennium B. C. E.," *Oikumene* 3 (1982), p.34.

[5] 关于这个时期最好的综合性书籍是 A. H. Dani 和 V. M. Masson 主编的 *History of civilizations of Central Asia 1* (Paris: UNESCO, 1992)，不同时代对应不同章节。

[6] W. B. Henning, "The First Indo-Europeans in History" , in G. L. Ulmen ed., *Society and History, Essays in Honor of Karl A. Wittfogel*, The Hague: Mouton, 1978, pp.215−230.

[7] 参见 A. G. Frank, "Bronze Age World System Cycles," *Current Anthropology* 34, no. 4 (1993), pp.383−429，附有赞成者和反对者的评论，以及大量参考书目。

[8] J. Harmatta, "The emergence of the Indo-Iranians: the IndoIranian languages," in A. H. Dani and V. M. Masson, *History of civilizations of Central Asia 1*, pp.357−378.

[9] Ibid., p.371.

[10] 参见 Kuzmina, *Les steppes d'Asie Central à l'époque du bronze*, *Les dossiers d'archéologie*, Paris, 1993, p.185。以及她的代表作 *Otkuda prishli Indoarii?* Moscow: Russian Academy of Sciences, 1994，附有大量参考书目。

[11] 当然在俄罗斯南部等地，骑马的游牧民族确实出现得更早。

第四章

琐罗亚斯德教

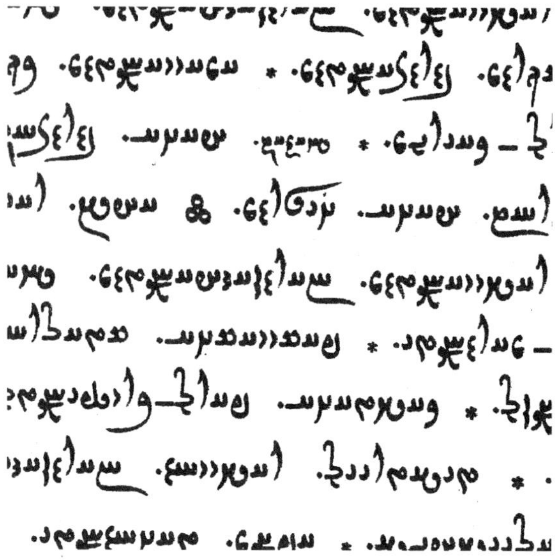

阿维斯陀文（引自 Wilhelm Geiger, *Handbuch der Awestasprache*, Erlangen, 1879）

关于琐罗亚斯德其人和琐罗亚斯德教的起源，我们了解多少 67
呢？我们的认知主要基于《阿维斯陀》和后来关于琐罗亚斯德这位先知的一些传说。这些传说可以分为两类，一是中古波斯语书籍以及后来的新波斯语书籍中的本土传说，二是主要用希腊语和叙利亚语书写的外来传说。这里使用“传说”（traditions）一词十分恰当，因为没有关于琐罗亚斯德教的发展史流传于世，只有关于琐罗亚斯德其人的各种故事。[1]那么我们该如何重建出一部合理的琐罗亚斯德教发展史呢？我们知道，琐罗亚斯德是古代雅利安宗教的祭司（zaotar，印度语中的 hotar），因为《阿维斯陀》里是这样称呼他的。当我们在谈论一门宗教时，我们也许不应该先入为主地依靠脑海中的印象。在那个没有文字记载的久远年代，信仰、仪式和习俗构成的整体体系也许能更好地反映出当时的情况。

有人认为，除了雅利安人所谓的“宗教”，当地还存在地方崇拜和民间信仰，如占卜、自然力崇拜还有拜物教，因为即使在今天伊朗和中亚的许多地方，当地人也会有崇拜古树这样的习俗。很难估量这些民间信仰对琐罗亚斯德教这种更“高级”的宗教产生了多大的影响。

在没有宗教“钦定”文本的情况下，我们很难还原出信仰的发展过程。但是，我们可以通过包括仪式和典礼在内的习俗来进行观察。在琐罗亚斯德教的习俗中，对火的崇拜是不是一个重要部分？我们认为，这是印欧时代习俗的延续，尽管世界其他地区的人们对火的崇拜也普遍存在。例如，古希腊人将城邦的公民炉火（public hearth fire）视为神圣之物。当人们从母邦去往新据点
68 时，会用从母邦带去的火种来点燃新据点的火焰。一些考古学家认为，既然中亚和伊朗的本地人群可能已经使用了祭坛，那么我们就不应该将带有火焰的祭坛视为琐罗亚斯德教独有的特征。

鉴于伊朗人迁徙到了后来的家园，另外据希罗多德记载（I.132）*，波斯人不建神庙，也不造神像，我们可以推测伊朗人起初没有神庙，习惯露天进行宗教仪式。但当伊朗人在当地扩散的时候，当地原来居民的神庙就已存在，考古学家在中亚发现了公元前 3 千纪的神庙遗址。

《阿维斯陀》中称琐罗亚斯德为查拉图斯特拉（Zarathushtra）。他作为宗教祭司，对自己曾经所信仰的宗教发起了多项改革。正是他或是他的一位先辈，改变了人们对鬼神（《阿维斯陀》中的 daevas）** 的信仰，并斥之为伪神，但鬼神（提婆）在印度仍然受人崇拜。伊朗和印度的信仰中都保留了对畜群，特别是对牛的崇拜。与献给旧神的赞美祷告不同，琐罗亚斯德宣扬的是一种趋

---

* 即古希腊历史学家希罗多德的《历史》，数字表示出处的具体卷数和篇章数。下同。

** 鬼神、鬼等，是雅利安人早期信仰的神祇，后来被袄教所接受。

善避恶、具有道德意义的信仰。简言之，这就是我们从《阿维斯陀》中所了解到的琐罗亚斯德。[2]

关于《阿维斯陀》和琐罗亚斯德教的研究已有很多，但关于这门宗教兴起的历史环境，仍然迷雾重重，因为我们不清楚先知的生活年代和活动范围。现在学界普遍认为，琐罗亚斯德可能生活在伊朗东部某地，包括现在的阿富汗以及乌兹别克斯坦与塔吉克斯坦之间的地区。关于他的出生地或活动范围有很多说法，包括锡斯坦、花剌子模或巴里黑等地。但是，我们可以排除伊朗的西部，其中也包括据说是先知故乡的阿塞拜疆，因为《阿维斯陀》是用东伊朗语写成的，而且《阿维斯陀》中提到的地名都在伊朗东部。无论他出生在伊朗东部的什么地方，我们都可以合理推测认为，先知的一些（或很多）传教活动发生在巴克特里亚，这是东部最繁荣、人口最多的地区。

学界关于先知生活年代的争论更激烈，认为他要么生活在史前时代，要么生活在阿契美尼德王朝时代，跨越了从公元前15世纪到公元前6世纪的时期。但学界的共识是，琐罗亚斯德生 69
活的时代更接近公元前1000年，而非阿契美尼德王朝崛起的时期。这主要因为《阿维斯陀》的语言非常古老，且根据书中的记载，可以看出琐罗亚斯德依然生活在游牧社会。后人花费了大量精力，只为了搞清楚琐罗亚斯德的生活年代究竟是在公元前1000年左右，还是像中古波斯语书籍所说的那样，是在亚历山大和塞琉古王朝之前的时段。但结果都是猜测，无一可信。我们在试图确定宗教历史事实时，也许最大的难题在于，选择后来的哪种传说或故事更具有真实性。另一个问题是，琐罗亚斯德的传教速度如何：是像基督教一样缓慢，还是像伊斯兰教一样迅速？似乎更接近前者，但这也无法确定。

我套用一下已故的恒宁的观点：旧理论未必因为它旧就是错的，新理论也未必因为它新就是对的。因此，关于先知及其教义，我在此只给出学界普遍接受的观点。我们应重申，在琐罗亚斯德生活的年代，具有明确正统教义和仪式的宗教几乎不可能存在。相反，我们应该在一个多神崇拜的时代背景中来理解先知，当时的人们认为土地、城镇，甚至某些树木、河流、岩石或其他自然物都有各种神灵寄居。祭司或萨满巫师们显然没有书面文献，而是靠着从先祖那里传下来的记忆，以及与其他巫师的对比，从而在这种近乎宗教的信仰中维持某种统一性。这种宗教主要包括雅利安人的常规习俗和信仰。它有很多神，也有奇幻的神话以及可以帮信徒显灵的献祭仪式，当然也融入了很多民间信仰。琐罗亚斯德是这个宗教的祭司，但他反对该宗教的一些做法和信仰，转而信仰一尊神，他称其为“智慧之主”阿胡拉·马兹达。对所有这些内容，我们怎能不加怀疑呢？为了寻求答案，我们必须依靠现存唯一的琐罗亚斯德教经典《阿维斯陀》，甚至加以引申。

70 阿维斯陀一词的原意可能是指“原文”，与“注释”（Zand）意思相对，于是就有了 Zandavesta 一词，意思就是用中古波斯语（巴列维语）翻译和解读古阿维斯陀经原文。原文远比现在所见的内容更多，只保留下来了零碎片段，主要是那些在宗教仪式上诵读，并以手稿形式保存下来的章节，有大有小，且年代都要晚于 13 世纪。从这些片段的语言和内容来看，它们属于不同年代，后来自然也有人对原文本进行了增补。根据 9 世纪的巴列维本《丹卡德》（*Denkard*）* 可知，《阿维斯陀》共有 21 部书，其中只有一部《文迪达德》（*Videvdat*，被误译为 *Vendidad*）** 完整保留下来，即《破邪篇》。其余部分只剩下一些片段，而这些片段在历史上应该也已经被数次重新编订。在 5 世纪或 6 世纪，人们用新字母重新记录了这些内容，我们推断：这个新本可能就是如今《阿维斯陀》的原文。

《颂诗》（*Gathas*）*** 中的 17 首诗歌传说是琐罗亚斯德本人所作。因为诗歌具有古老的语言形式，其成为萨珊版本的《阿维斯陀》中最古老的部分。但这只是先知原作中的一小部分。人们将这些诗歌和一些语言相近的段落以及许多由"更新"语言写成的文本融合在一起，就成了我们所说的新本《阿维斯陀》。在新本《阿维斯陀》中，琐罗亚斯德作为一个历史人物出现，尽管他与其他地方发生的事件联系不到一起。新本《阿维斯陀》中包含了对各种神灵的祷告和召唤，还包括《文迪达德》，其主要叙述宗教戒律和对违反戒律的惩罚。但新本《阿维斯陀》的主要部分是《雅什特》，或是献给古老印度—伊朗神灵的片段内容，还有一些神话英雄的故事，其中一些故事后来出现在了费尔多西用新

---

* 字面的意思就是"宗教功课、礼拜"。

** 含义为"驱魔之法、破邪、禳疫"。

*** 即"伽陀、颂诗、赞美诗、偈语"等意。

波斯语写成的史诗《列王纪》之中。

新本《阿维斯陀》将《颂诗》收入的时间和方式已不可考，
71 但《颂诗》的强烈语调和哲学内容与《雅什特》大不相同，后者更像印度的《梨俱吠陀》。这些赞美诗和关于旧神的故事，应该曾是琐罗亚斯德竭力反对的，但在其死后仍然融入了琐罗亚斯德教。随着发展，宗教本身当然发生了一些变化。所以我们发现，民间信仰、善恶二元论以及该宗教的其他特征融合在一起，后在萨珊王朝时期汇总成册。

米特拉可能是自古以来最著名的神，第十部《雅什特》就是为他而作。米特拉在印度的吠陀中地位很高，巴比伦人也将之视为太阳神沙玛什（Shamash），而罗马军队对米特拉的崇拜也是众所周知。关于米特拉的记载很多，因为这位神灵不仅在中亚和伊朗很受欢迎，在亚美尼亚和其他地方也同样如此，因此我们认为琐罗亚斯德教不可能将米特拉排除在外，而是将之吸收，甚至拔高到几乎和阿胡拉·马兹达同等地位。此外，先知抵制的异教饮品豪麻（haoma）、印度的索玛（soma），* 后来也融入了琐罗亚斯德教的仪式。这并不意外，因为每个新宗教都会吸纳、修正旧的信仰和习惯，或至少容忍这些新的存在，琐罗亚斯德教并不例外。

我们归纳一下，古代中亚普遍存在着三种信仰：首先是印欧人到来之前本土古老的多神崇拜，然后是雅利安人的宗教和

---

* 这两种都是致幻性饮料。Soma 也翻译为“苏摩、悦意花”等。

习俗，再后是新的琐罗亚斯德教。此外还有这三种信仰的很多变种。神庙是第一种信仰存在的体现，考古学家在不同的考古地点发掘出了神庙遗址。如前所述，迁徙来的印度人和伊朗人没有建造神庙，所以我们应将神庙视为当地人的劳动成果。崇拜火是印欧人信仰的一大特点，但这并非他们所独有的。而对豪麻的崇拜只在雅利安人中存在。

是不是琐罗亚斯德本人将阿胡拉·马兹达引入或吸收进入了琐罗亚斯德教，并将他变成了该教主神？人们被禁止崇拜天神（daivas），后者后来也成了琐罗亚斯德教中的恶神，琐罗亚斯德对此事的影响重要吗？我们无法回答这些问题，但答案是可以想见的。不过，中亚可能依旧有人崇拜天神，这可以从人名以及反对琐罗亚斯德教的习俗中得到反映，尽管这些是后来萨珊波斯时期的证据。[3] 天神在伊朗后来被称为 devs，居住在马赞达兰（Mazandaran）的厄尔布尔士山（Elburz）上，但我们没有足够的信息可以判断中亚当时的宗教情况更接近马赞达兰还是更接近法尔斯，“正统”的琐罗亚斯德教在后一地区可能占了上风。当然，中亚和世界上许多地方一样，流行的信仰包括各种多神崇拜，如对水、古树、山脉、沙漠等的崇拜。对于阿契美尼德王朝建立之前的中亚，我们没有证据表明当地存在任何特殊的本土信仰，就算有也很难去考证。在中亚和其他地区考古发现了史前时代的雕像，这种非常古老的母神（mother goddess）崇拜是否一直持续到有史时期？这同样也很难确定。根据考古学家在当地发现的绘画和雕像，后来的印度教和其他外来宗教习俗让中亚当地的宗教图

72

景呈现出多样融合的局面。

信仰萨满教的游牧民族不断从东、北两个方向侵入中亚，这一定程度上影响了中亚地区农耕民族的信仰，但依然缺乏相关细节。我们也不要忘了祖先崇拜，这种情况从古至今在帕米尔地区一直存在。人们在阿夫拉西阿卜城址和片治肯特的古代房屋遗迹中发现了阿拉伯征服时代之前的窖藏钱币，这很可能就是祖先崇拜的证明。[4]当然，这两方面说法都是后来的证据，但我们依旧可以认为祖先崇拜在中亚和其他地方一样古老。由于没有文献材料，考古学也无法提供足够的证据来还原中亚史前时代的宗教情况。因此，与其东拼西凑、漏洞百出，不如只将上述猜测呈现给读者。等到有了更多的证据，我们再回来讨论宗教和相关的信仰。

73 关于前伊斯兰时代的中亚宗教，我们只是泛泛而谈，读者可能会对此表示反对，因为这一地区的绝大多数文献资料都是宗教性质的。本书明显略谈宗教的原因主要有两个：第一，我们已经讨论了很多与宗教相关的内容，也包括一些传说。想要了解更多细节的读者可以在各类书籍中轻松检索到感兴趣的内容；第二，也是我认为更重要的一点，若过度讨论宗教，会让读者错误地认为，中亚地区的人群即使不是将毕生精力，也是将一生中的大部分时间用于与宗教相关的仪式或事务上了。在我看来，这会让古代中亚的情况显得不平衡。

但有人也会提到，宗教还有另一方面，因为对于古代中亚的人群而言，神灵和英雄的神话故事同样重要。我们要想到，《阿维斯陀》和费尔多西的《列王纪》等经典著作中的神话和史诗故事有其历史意义。史诗中提到的古代王朝，如皮什达德王朝（Pishdadian）和凯扬王朝（Kayanian），纯粹是想象吗？还是说，这些王朝的故事即使经过代代相传，有所失真，但依然保留着真实的痕迹？有些名字肯定是真实存在的，但需要再次强调的是，我们不能仅凭这些片段来重构历史。例如，史诗中戈塔尔泽斯（Gotarz）这个名字似乎来自帕提亚王朝时代。史诗传说中的环境背景也非常符合帕提亚封建时代的特征，而鉴于帕提亚的“吟游诗人”（gosan）是当时主要的史诗吟诵者，我们可以推断这些传说经过了很多变化和改编。在这种情况下，尽管这些传说作为文学作品很吸引人，但我们很难依靠它们来重构中亚地区在阿契美尼德王朝建立之前的历史。有人试图将史诗传说和关于各位君主的楔形文字记录联系起来，虽然这种尝试很有趣，但终究只是推测而已。我们关于中亚历史的研究，只有自阿契美尼德王朝之后才算真正开始。

注释

[1] 关于琐罗亚斯德教，参见 Mary Boyce, *A History of Zoroastrianism*, in the *Handbuch der Orientalistik* series, 3 vols., Leiden: E.J. Brill, 1975, 1982 and 1991。

[2]《颂诗》也许是琐罗亚斯德所作，关于其最新翻译，见 *The Gathas of Zarathushtra*, 2 vols., Heidelberg: Winter, 1991。

[3] 诸如 Divdad 或 Divashtich 之类的名字，意为“神赐予的”（这里不是“恶魔赋予的”），暗示了中亚一直存在对天神的崇拜。

[4] Kh. G. Akhunbaev, *Ob odnom sogdiiskom obychae*, in *Istoriya Material'noi Kultury Uzbekistana 23*, Tashkent, 1990, pp.199–207.

第五章

阿契美尼德王朝的中央集权制

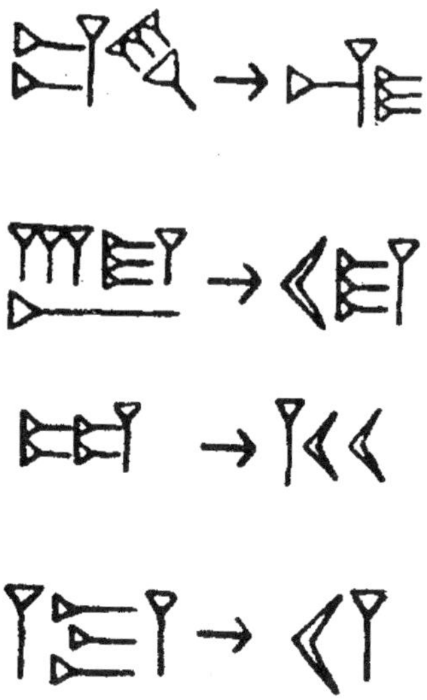

古波斯楔形文（引自 Hans Jensen, *Die Schrift*）

居鲁士在与游牧民族的战争中身亡，但他建立的阿契美尼德王朝，开辟了中亚历史的新篇章。从此以后，游牧民族与农耕民族的对立成为中亚史的模式，甚至延续到了今天。在希腊文献中，最早的草原骑马游牧民族是希腊人所说的“斯基泰人”（Scythian）和波斯人所说的“塞人”（Saka）。从阿契美尼德王朝一直到马其顿的亚历山大时代，他们一直是草原上的霸主。 77

很幸运的是，有两位学者专注于研究阿契美尼德王朝时期的中亚。他们是伊戈尔·皮扬科夫（Igor Pyankov）和威廉·沃格尔桑（Willem Vogelsang）。前者的研究主要集中在经典文献，后者则将考古学和古波斯语方面的材料也纳入了研究范围。[1]尽管他们的研究仍然缺乏很多细节，但足以让中亚在公元前1千纪后半期的景象变得清晰。

沃格尔桑著作的主旨在于，在阿契美尼德王朝时期，王朝的东部是由塞人统治的。[2]他们与米底人和波斯人一起构成了王朝统治阶层的三巨头，甚至构成了王朝东部贵族阶层的主要部分。正如沃格尔桑所说，塞人在这段时期的地位确实非常重要，可能近似于伊斯兰时期的突厥人。但如果认为粟特人、巴克特里亚人、花剌子模人、米底人，甚至是阿契美尼德家族都具有塞人血统，这只是猜测，也很难证明。那么，关于这段时期的中亚史，有哪些一致的看法呢？

首先来谈谈米底人。米底人在东方的统治范围有多大？他们是否征服了巴克特里亚，并以此为中心建立了一个大型的中亚
78–79 政权？这些问题都存在争议。由于缺乏文献或考古发现等可靠的证据，我们只能依据当时中亚政权可能的情况来进行推测。希罗多德（III.117）以及一个零散段落[3]都详细描述了一段旅行，可能都源自赫克特斯（Hecataeus）的旅行见闻。故事中写道，花剌子模人曾经生活在艾克斯河（Akes）流域，并统治着一个庞大的国家，可以与后来居鲁士征服的米底帝国相提并论。这条河已被证实为赫拉特河，其下游为捷詹河。如果我们根据希罗多德的描述，推测生活在法尔斯地区的波斯人在居鲁士时代之前仍处于部落社会，那么我们能否猜测东部的伊朗人在政治上已经更成熟，并已经形成官僚体系以及集权国家的其他配套机制？当然，这完全可以想象，但我认为可能性不大。这里所说的部落社会并不是完全游牧的，而是指游牧民族和农耕民族并存的社会，但是部落民的主要身份认同是效忠于部落。当然，在巴克特里亚，还有卡什卡河以及泽拉夫尚河的绿洲等定居地带，可能存在一些集权统治的势力，但即使在这几个地区发现了风格类似的陶器，也只能说明或许是商业活动促成了这些陶器风格的传播，并不能证明一群人通过征服扩大了自身文化的影响力。另一方面，只有存在一个类似的陶器文化以及其他几种类似的器皿，我们才能推测存在一个大型国家，而且该国范围内的物质文化都保持一致。

有学者认为居鲁士在东部征服了一个集权国家，他们依据的主要论点是，如果没有一个已经存在的大型集权国家，居鲁士不会如此迅速地在东方建立起统治。这种观点认为，居鲁士与亚历山大不同，后者花了数年时间才征服阿契美尼德王朝的东部。但是，中亚各地对亚历山大的激烈反抗表明，亚历山大之所以能够建立统治，并不是因为由各个总督区所紧密构成的阿契美尼德王朝已经望风而降，而是在于他的军事天才，也在于他有着坚定的 80
信念，想要征服当地众多的部落和权力中心。我认为，在居鲁士和亚历山大征服中亚的过程中，中亚的定居人群可能会为了土地的稳定和安全，选择向在组织或人数的某一方面占优或全面占优的外来侵略者屈服。居鲁士很可能没有像亚历山大那样频繁、迅猛地征服，但他并非没有在中亚展开军事征服的能力。当然，游牧民族基本保持独立，不受阿契美尼德王朝和亚历山大的控制。

在狄奥多罗斯（II.26）* 的记载中，克特西亚斯（Ctesias）说了这样的一个故事。亚述国王尼诺斯（Ninus）以及后来的王后塞弥拉弥斯（Semiramis）与巴克特里亚人交战，并在东方攻城略地。这个故事没有楔形文字的证据，可能只反映了波斯人关于阿契美尼德王朝之前发生在东方的传奇（或史诗）。根据此类描述来重构中亚的历史是行不通的。我认为，对中亚历史的各种重构虽然有可能，但都不是很有说服力。不过，这并不是说，我们可以脱离文献来重构历史。

---

* 应指古希腊历史学家狄奥多罗斯的《历史丛书》（*Library of History*），又译《希腊史纲》。

无论米底人的统治状况如何，但毫无疑问，他们拥有一支军队，并且与巴比伦人一起征服了尼尼微（Nineveh），结束了亚述人的统治。米底人统治着法尔斯地区的波斯人，东部的其他地区可能也承认米底人的宗主地位。沃格尔桑认为用“宗主”一词来形容阿契美尼德王朝在中亚的统治性质很合适。他的这种观点很有趣，这也可以用于描述米底人在东部的“统治”。阿契美尼德王朝对当地的统治，特别是在大流士时代之后，要比以前更有组织，也更集中。但这种“宗主”模式对米底和波斯两个时代都适用。宗主意味着当地统治者承认米底和后来的阿契美尼德君主的霸主地位，双方通过婚姻或其他关系建立起私人层面的纽带，并通过互赠礼品加以巩固。因此米底的统治者，以及居鲁士和他的后代君主，确实可以称自己为“万王之王”，因为当地“国王”
81 都承认他们的宗主地位，当然他们也征服了其他地区。那么，塞人是什么情况呢？在居鲁士和亚历山大这样的征服者眼里，他们都是不小的麻烦，更别说大流士和其他阿契美尼德君主了。

与其笼统地讨论此时中亚塞人的情况，我们不如提出一些问题。一直到近代，游牧民族似乎主导了中亚的历史。无论在草原还是在绿洲，游牧部落联盟的首领为农耕民族提供保护，农耕民族则向他们流动性更强、更善战的草原邻居进贡。农耕民族通常以核心部落或氏族来称呼部落联盟中所有的游牧民族。[4]在后来的中亚史上，农耕民族把所有游牧民族都称为匈人（Huns），尽管其中显然有许多人并非游牧民族（甚至对于1453年在穆罕默德率领下攻占君士坦丁堡的奥斯曼人，几位希腊编年史家都将他们称为匈人）。通过古波斯语碑刻的记载，可以看到波斯人给各支塞人起了好几种名字，同样希腊人也记载了一些斯基泰部落的名称，遗憾的是这些希腊名字与波斯名字难以一一对应。我必须坦诚地说，我不会利用《阿维斯陀》（特别是《雅什特》XIII.143）中关于Tura、Sairima、Saini、Danha等民族的信息，因为即使对他们的身份进行猜测也无助于重建历史。人们可能会认为这些人群就是塞人部落，但这也存在争议。因为波斯人比希腊人更熟悉中亚的游牧民族，所以我们应该先参考波斯人对中亚游牧民族的称呼。[5]

古波斯碑文中有这些塞人的名字：豪玛瓦尔格塞人（Saka Haumavarga）、海或河那边的塞人（Saka Paradraya）、尖帽塞人（Saka Tigrakhauda）、粟特地区以外的塞人（Saka para Sugdam），而埃及的碑文中提到了沼泽塞人（Sakas of the marshes，可能是指“遥远的”），以及平原的塞人（Sakas of the plains）。我们无法确定上述任何一个塞人部落的生活地域，只能进行猜测，因为塞人的活动范围从多瑙河一直延伸到蒙古高原向南到伊朗高原。人们将豪玛瓦尔格塞人等同于希腊文献中的阿米尔吉亚斯基泰人（Amyrgioi），没有关于他们确切位置的记录。希腊文献中，马 82
萨格泰人位于里海以东的大益斯坦，阿里安（Arrian）称之为一群斯基泰人（IV.16.4）*。还有其他可能是游牧部落的名称，如Derbikes，但同样无法确定位置。显然，他们游荡在南俄和哈萨克斯坦的大草原上，当他们到了中亚南部，会在什么地方生活呢？

* 应指古希腊历史学家阿里安的《亚历山大远征记》（*The Anabasis of Alexander*）。

由于游牧民族依赖贸易，且和农耕民族联系密切，我们就可以试图认为，游牧民族在古代繁衍生息的地域就是他们后来生活的地域，也就是肥美的牧区草场。比如布哈拉绿洲，可能曾经就有一些塞人生活在那里。科彼特山的山麓，即古代的大益斯坦，也可能是适宜游牧的地区。同样，费尔干纳盆地周围的山麓也曾是富饶的牧场，今天塔吉克斯坦东部狭窄的阿赖山谷也是如此。总的来说，巴克特里亚本部的土地对于游牧民族的牲畜而言并非最好的牧场。此外，当地遍布灌溉沟渠和耕地。我们必须记住，游牧民族可以在沙漠中生存或穿越沙漠，但他们并不能在沙漠中繁荣兴旺。人类学家告诉我们，农耕民族和游牧民族之间的共生关系对后者的生活至关重要，因此，我们可以认为中亚的游牧民族与绿洲农耕民族有着密切的联系。还是回到鉴别塞人所在地域的问题上来。我们认为豪玛瓦尔格塞人可能生活在费尔干纳河谷和附近的山谷，包括阿赖山脉和帕米尔地区。而提格拉豪达塞人游牧的地区则更靠西北部的地区，可能接近花剌子模地区，并延伸到锡尔河以外，到了如今的吉尔吉斯斯坦和哈萨克斯坦境内。这种说法大体上应该没有问题。这些塞人是否和粟特地区以外的民族（根据波斯波利斯的碑文记载）一样？尽管有可能，但显然一些游牧部落不会在一个地区一直停留，而是时常远离故乡去寻找更好的牧场，或者为统治者服务而得到新的土地赏赐。在哈萨克斯坦和阿富汗，人
83 们发现了尖帽塞人贵族的坟墓，这进一步证明了认为尖帽塞人曾生活在中亚，特别是锡尔河以北的说法。[6]至于俄罗斯南部的塞人或斯基泰人，他们有别于上述两支塞人的类型，在此不作讨

论。现在我们再谈一谈米底人和阿契美尼德王朝。[7]

尽管可能正如沃格尔桑所说，一些塞人首领和下属曾经是米底人和波斯人的忠实伙伴，但后来在居鲁士和大流士时期，波斯人还是得去塞人的地盘上与之交战。根据希罗多德（I.205–214）、克特西亚斯和其他人的记载，居鲁士在公元前530年（或公元前529年）夏天与塞人作战时丧生。关于居鲁士所交战的塞人部落的名称，这些材料中的记录各不相同，关于居鲁士具体死因的记载也存在差异，但所有材料都证实了居鲁士在与疆域东北部游牧民族的战争中身亡。大约十年后，大流士在他的贝希斯敦碑文（Behistun）中记录（第五列，对缺漏处有所添补）："后来，我率军前往塞人的土地，去讨伐那些戴尖帽的塞人。在海（河）边，我率大军蹚水抵达对岸。后来我重创了塞人。一名塞人首领被缚送我处，我处死了他。随后，我任命另一个人做了首领。他们擒获了另一名首领斯昆哈（Skunkha），并带到了我面前。于是，这片土地归我了。这些塞人属不义之人，他们不崇拜阿胡拉·马兹达。而我崇拜阿胡拉·马兹达。赖阿胡拉·马兹达之佑，我惩罚他们如我所愿。"

因此，在居鲁士和大流士时代，塞人不是波斯人和米底人一同统治王朝的伙伴。另外，由于塞人并不像大流士那样崇拜阿胡拉·马兹达，这也为双方之间又加上了一层宗教隔阂。此外，由于游牧民族的强大武力，我们可以认为在塞人臣服之后，许多人加入了阿契美尼德王朝的军队。因为有记载显示，在阿契美尼德王朝后来的远征军中就有塞人的身影。但是除了在军队中，塞人

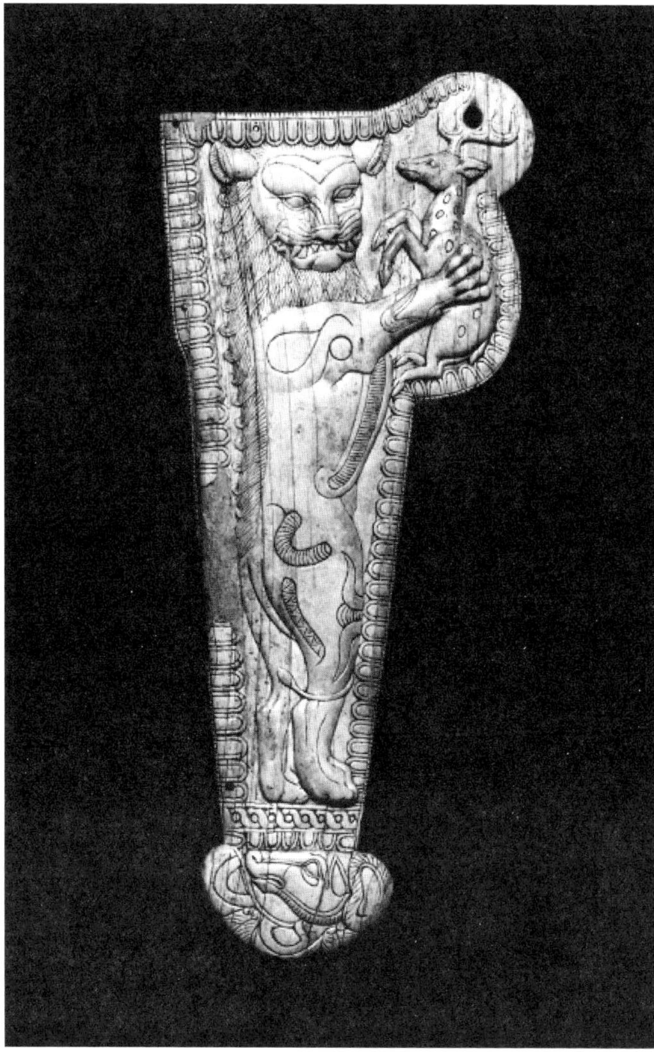

图 5.1　阿契美尼德王朝时期的斯基泰短剑鞘，剑鞘上绘有狮子捕羊的图案，出土于塔赫提·桑金遗址

不太可能在王朝的官僚机构和统治体系中占据高位。尽管根据希腊史料的记载，王朝西部曾发生过多次叛乱，而关于伊朗东部或中亚地区叛乱的信息却很少，但是这并不意味着没有。只有克特 84
西亚斯记载了一个存在争议的案例（fragment 31），巴克特里亚的阿尔塔巴努斯（Artabanus，可能是总督）曾起兵反对阿尔塔薛西斯一世（Artaxerxes I），但遭到了镇压。总之，王朝东部的叛乱主要应该是由王位的觊觎者而非当地群众所发起的，叛乱者当然也不是平民百姓。

实际上，我们对于阿契美尼德王朝在东方的统治所知甚少， 85
只能根据亚历山大远征期间历史学家的记述来推测阿契美尼德王朝灭亡前的东部情况。在谈论阿契美尼德王朝之前，关于米底人和居鲁士在东方的征服，我们该如何作总结呢?

现在学界普遍认为，米底人在东方可能建立了一定程度的强权统治，主要因为后来帕提亚和希尔科尼亚（Hyrcania，戈尔甘）都支持普拉瓦尔提什（Fravartish）发动反对大流士的叛乱，以谋求王位。除此之外，根据贝希斯敦碑文记载，巴克特里亚和阿拉霍西亚（Arachosia）都支持大流士，这意味着这两个地区都已经被居鲁士征服，而且已经完全摆脱了米底人此前的控制，尽管后一种情况只是猜测。居鲁士征服中亚的确切年代虽然还存在争议，但发生在他征服巴比伦的公元前539年前后都是有可能的。甚至还有人认为，在居鲁士征服之前，巴克特里亚作为当时人口最多、最富饶的东部地区，在政治或至少在文化层面，对周边地区具有影响。在居鲁士时代之前，是否存在一个巴克特里亚王朝或以巴克特里亚为首的联盟，这些都不得而知。[8]同样，花剌子模人最初应该生活在今天的赫拉特和巴里黑之间的山区。在阿契美尼德王朝统治时的某个时期，他们沿着阿姆河向北迁移到了咸海以南的地区。[9]这可能发生过，但要进一步猜测这场迁徙的历史缘由，基本没有可能。在我看来，根据古波斯碑文所记录名字的增减来推测各个塞人部落以及其他东部民族的反叛以及阿契美尼德王朝对他们的再征服，虽然很有意思，但在历史学层面无法得到证明。

关于阿契美尼德王朝统治下的中亚，信息少得令人震惊。然而，从楔形文字中的一个词，或从一个词的词源来拼出一种历史叙
86 述虽然很有吸引力，但可能会导致误解。无论怎样，我们可以说，当中亚被纳入阿契美尼德王朝统治的庞大地区后，该地区与伊朗西部和整个近东地区的联系更加紧密，这也给中亚民族的生活方式带来了变化，下面也会提到这一点。但是在讨论这个问题之前，让我们继续看看大流士的贝希斯敦碑文有哪些关于中亚的内容。

帕提亚和希尔科尼亚（或在巴比伦的碑文中记载为马尔吉亚那），中亚的这两个地区不承认大流士是王朝的君主。相反，这两个地区的反叛者支持自称是前任米底国王基亚克萨雷斯（Cyaxares）后裔的普拉瓦尔提什。大流士的父亲维什塔斯帕（Vishtaspa）是帕提亚地区的总督，他镇压了叛乱，但马尔吉亚那或梅尔夫的人们拒绝接受大流士，他们的领袖弗拉达（Frada）自立为马尔吉亚那的国王，随后被支持大流士的巴克特里亚总督达达尔什（Dadarshi）击败。许多人遭到俘虏，弗拉达及其主要支持者被处

以极刑。从这段简短的叙述中，我们可以推断梅尔夫可能曾属于米底帝国，并不欢迎阿契美尼德王朝的统治。所以当叛乱发生时，当地人选择加入叛军。支持大流士的地区有巴克特里亚，可能还有粟特。也许是因为这些地区从未效忠过任何一位米底君主，也不想破坏他们在阿契美尼德王朝治下所享有的贸易优势。可能还存在其他原因，比如巴克特里亚的波斯军队可能要比其他地方更多，政治控制也更强。此后，中亚似乎一直效忠于阿契美尼德王朝。我们可以猜想，梅尔夫绿洲要么一直是巴克特里亚王国的一个总督区，要么是在起义镇压后被划归到该总督区。此后波斯人是否主宰了中亚呢？

波斯帝国在中亚地区的总督是否全都是波斯人？当地的波斯裔领主是否接受了阿契美尼德王朝君主的任命，成为自己领地的总督？这些问题难以回答。但当古典文献提到有一位阿契美尼德王朝王子在中亚担任总督时，我们有证据证明波斯在当地有一个专门的总督区，因为大流士的儿子维什塔斯帕曾在巴克特里亚担 87–88
任总督（希罗多德 VII.64）。我们只能猜测，维什塔斯帕在薛西斯（Xerxes）入侵希腊期间一直是巴克特里亚和塞人地区的首领，其身份是总督，而非军事长官。军权和行政权在王朝早期是分开的，这两项权力何时集于总督一身，我们无法确定。那么，中亚人可以在帝国的其他地区担任高级职务吗？

单凭一个人的姓名很难判断此人来自巴克特里亚还是粟特。因为在阿契美尼德王朝时期，东方的家长们有时会给孩子起带有阿契美尼德王朝时代特点的名字，而名字上的读音差异难以确定。

但中亚人确实也在其他地方担任一些低级别的职务，我们知道在上埃及象岛（Elephantine）的波斯驻军中有一个花刺子模人。[10]同样，当大流士和薛西斯入侵希腊时，一些中亚人也在军队中服役。我们可以猜测，他们中的一些人可能留在西方驻守。我们可以想见，生活在伊朗语世界的贵族和官员们与后来类似，既会说波斯语，也会说他们当地的语言。这里的波斯语不是指存于楔形文字中的古波斯语，而是科因语（koine），一种更接近于中古波斯语的语言。波斯人的习俗和风尚也可能影响了中亚地区的人们。尽管沃格尔桑已经告诉我们，一些更实用的骑马装束和武器，特别是塞人的弓、箭和短剑，在其他伊朗民族中广泛传播。[11]这些变化很可能只限于上层阶级，因为考古学家在当地人群的物质遗存中发现，在当地被纳入阿契美尼德王朝之后，平民生活似乎并没有任何新变化，而是依旧延续着之前的文化传统。但不能说阿契美尼德王朝的统治对普通人的生活没有任何影响，因为王朝内部至少保证了社会稳定以及长途贸易的联系。例如，来自不同
89 地方的士兵驻扎在王朝各地，促进了文化和信息的交流，中亚地区也是如此。我们下面来看居鲁士在王朝大概最东边建立的塞雷斯查达（Cyreschata），也就是居鲁士城（Cyropolis）。[12]

如果托勒密关于居鲁士城位于药杀水（the Jaxartes，即锡尔河）附近的记载（VI.12.5）* 是正确的，那么今天苦盏市附近的一处遗址可能就是居鲁士城。有人认为附近的另一处考古遗址也

---

* 应指古希腊数学家、天文学家、地理学家托勒密的《地理学》。

可能是居鲁士城，但是苦盏市就坐落在河流与两山相交之处，战略位置显著，尽管可能只有亚历山大意识到了这一点并在这里建了一座亚历山大城。无论居鲁士城位于何处，它既然是军队驻地，那么就会有城墙环绕。一些学者认为这种有围墙的城镇设计源于西方，这有待商榷，但可以确定大部分城镇人口都是士兵。也许军队不在城镇里，而是像后来英国人在印度那样，驻扎在城堡或要塞里。这一点与阿拉伯人不同，阿拉伯人会让军队与中亚的城镇居民混居，以此促进伊斯兰教传播。因此可以说，居鲁士城就是王朝边境上的一个军队驻地，其他地方可能也存在类似的军镇。

阿姆河北岸最重要的城市是撒马尔罕，这里和以前一样是地方行政中心所在。而整个东部地区的都会以及最大的城市，应该是巴克特拉（Bactra，也叫扎里亚斯普，Zariaspa）*。虽然目前还没有考古或文献资料能够证明中亚存在类似于从苏萨（Susa）到萨迪斯（Sardis）的“御道”和邮政系统（见希罗多德 V.52，以及帕萨尔加德和波斯波利斯附近的御道遗迹），但阿契美尼德王朝应该没有忽视东部的交通和通信。因为阿契美尼德王朝存在了两个多世纪，我们可以猜测，王朝中央对包括中亚地区在内的各地有许多行政和文化层面的影响。

从阿拉米亚语（Aramaic）成为王朝官方语言就可以看出这
一点。因为中亚后来出现的书写语言，如巴克特里亚语、粟特 90
语、花剌子模语，这些语言的字母都来自阿拉米亚语。但这是后

* 即后来的巴里黑。

话了，因为一些专业术语和行政管理词汇，可能都源自阿契美尼德王朝的语言词汇，这些术语只是出现在后来的文献中。在阿契美尼德王朝统治时期，中亚地区除了阿拉米亚语外，没有发现其他的书写体系。汉语在汉代之前还远未传到西域，但可能会有一些富有冒险精神的中原商人在前往西域贸易时，至少将汉语的相关信息传给了当地的民族。

阿契美尼德王朝实施的一项政策直接影响了中亚地区的人群。阿契美尼德王朝每镇压一次叛乱，将会将当地整个村子或城镇的人流放到王朝东部。根据希罗多德的记载（IV.204），希腊的爱奥尼亚人（Ionian）在叛乱失败后被发配到东方各地，巴克特里亚也出现过由流犯建成的埃及村。读者会问，这些流犯是如何被发配到这里的，也许是徒步，还有派专门的军队负责押送以防他们逃跑。在如此遥远的路途中，会有很多人死亡。这些流犯与中亚本地人群的关系是怎样的呢？也许当时不仅有西方的流放者到中亚定居，还有来自安纳托利亚的爱奥尼亚人和其他地区的人。他们被发配到中亚，充当波斯君主的官员，从事各项工作。有些人可能留在了中亚，但人数应该较少，否则亚历山大时期的历史记载中应该可以看到他们的身影。据斯特拉波（Strabo, XI.2.4, XIV.1.5）* 和科蒂乌斯（Curtius, VII.5.28）** 记载，薛西斯曾将一个叫做布兰希达（Branchidae）的祭司群体，从米利特

---

* 应指古罗马历史学家斯特拉波的《地理学》。

** 应指古罗马历史学家科蒂乌斯的《亚历山大史》（*Historiae Alexandri Magni*）。

（Milet）迁往巴克特里亚，这个情况可能是特例，也可能是上述其他类型的流放者。

考古学家在中亚地区发现了亚历山大时代之前的希腊钱币，应该是来自那些为阿契美尼德王朝效力的希腊人或西方的商人。[13]但没有证据表明，王朝东部像安纳托利亚和地中海沿岸一样存在任何流通的货币。相反，在中亚全境，人们收集钱币主要是将 91
其当作艺术品或纪念品，也为了钱币所含有的金属。有人认为王朝东部地区可能不像西部地区那样组织良好，中央的控制也不那么有效。同样，波斯君主也许可以在他的波斯臣民中推广对阿胡拉·马兹达的崇拜，但在东部，他就不那么成功了，这一点可以从后来阿契美尼德王朝时期中亚的当地宗教得到反映。有句谚语说，先知在自己的故乡从未受人尊敬，也许这句话适用于中亚地区。那么我们是否可以认为，阿契美尼德王朝在中亚地区的影响要比上文所说的地方还小？

远在西伯利亚的巴泽雷克文化中，人们曾发现过一张来自波斯波利斯的地毯，这张毯子具有阿契美尼德王朝纹饰的特点，时间可以追溯到阿契美尼德王朝晚期到塞琉古王朝早期，足以证明阿契美尼德王朝的文化影响之远。[14]而在名义上归属王朝统治的中亚绿洲地区，所受阿契美尼德王朝文化的影响应该要甚于更北方的地区。但考古学家并没在中亚地区发现过一处仿照波斯波利斯皇家风格的建筑。东部地区的总督可能会效仿其君主建造大型官邸，但他们既没财力也没人力，而考古学家也还没有在王朝东部发现阿契美尼德王朝时期的大型宫殿式建筑群。我们必须在近东地区寻找关于阿契美尼德王朝的信息，并思考东部地区与之类似的情况。

我们知道，巴比伦地区的军事长官为国效劳，可以获得大片土地作为奖赏，阿卡德语中称之为 qashtu。这种制度在中亚地区存在吗？但我们可以推测东方也发生了类似的过程。中亚地区的领主应波斯君主的要求，为阿契美尼德王朝的军队补充兵力，于是得到了这种封赏。而像王朝王公阿萨米斯（Arsames）那样同时拥有巴比伦、埃及和其他地方土地的情况，在东部几乎没有发现。中亚地区的领主像阿契美尼德王朝之前一样，主要是当地的
92 土地拥有者，掌握着分配和管理农业用水的权力。在伊朗东部和中亚，水资源一直是当地的生命之源和繁荣之本。就农业富庶程度而言，这里无法与巴比伦和埃及相比。

由于东方没有流通的货币（大流克金币和希腊钱币只在西部流通），每年向中央交纳的贡赋（税收）显然是实物交付，我们可以从波斯波利斯的浮雕上看到这种情况。将羊或谷物从中亚带到波斯波利斯不太现实，所以黄金和青金石、红玛瑙、绿松石等半宝石是最好的选择。从古至今，巴达赫尚一直在开采青金石。如今绿松石来自内沙布尔（Nishapur）北部的山脉，在古代可能还有其他来源，但已无迹可寻。[15] 采矿业是中亚山区的一个重要产业。宝石和金属制品，如波斯波利斯浮雕中描绘的杯子和手镯，深受阿契美尼德王朝君主和廷臣们的喜爱。各式银器后来也是从中亚向西到伏尔加河以及向东到中国的主要贸易产品之一。

虽然每年的“税收”起初都是缴纳实物，但在大流士一

世将王朝划分为各个总督区之后，税收的单位成了银塔兰特（silver talent），一塔兰特重量约为30公斤。根据希罗多德的记载（III.89），征税的地理单位并不与总督领地一一对应。例如，巴克特里亚周边人群每年上缴360塔兰特，而帕提亚人、花剌子模人、粟特人和阿里亚人每年共上缴390塔兰特。小亚细亚、巴比伦和埃及的人们要交更多税。除了每年也要交360塔兰特金沙的印度，巴克特里亚是东部疆域中最富庶的地区。希罗多德还告诉我们，当时黄金与白银的比例是13比1，这种比例关系在历史上一直存在。

希罗多德的记载当然不可全信，但他对税收的记录反映了阿契美尼德王朝复杂的财政状况。中央政府的收入也包括道路税和
消费税，以及各种杂税，特别是战争时期的特殊征税。很难说中 93
亚在多大程度上保留了王朝西部的结构和机制，但可以猜测大部分机制都是存在的。

在巴比伦，有大量拥有不同地位的奴隶，有些奴隶甚至可以拥有自己的奴隶。在波斯波利斯，也许还有伊朗的其他地方，存在着豢养奴隶的情况。但我们从波斯波利斯的埃兰泥板（Elamite tablets）文书中可以得知，大批有偿的劳工似乎已经取代了奴隶劳力。王朝的每个地方都有徭役（义务劳动）。这在中亚地区很有必要，其主要工作是维护灌溉渠和地下水道。与雇用劳工相比，蓄养奴隶劳力不太划算。似乎在中亚地区，雇用劳工要更普遍。正如我们根据后来阿拉伯部落的情况所知，蓄养门客有好几种形式。中亚的游牧民族也存在这种制度，他们也会把儿童卖给

当地的绿洲统治者。我们从后来的资料中了解到这个情况，但可以猜想这种做法由来已久。

我们能否确认《阿维斯陀》中记载的社会结构一直持续到了阿契美尼德时代？根据《阿维斯陀》的记载，家庭（nmana-）是社会的基础，在家庭之上是氏族（vis-），而氏族之上是部落（zantu-）。波斯居鲁士时代之后，氏族的地位不再重要，部落附属于省或总督区（satrapy），而总督区之上是国家（khshathra-），这些成为身份认同的重要组成部分。但在中亚，我们猜测旧的社会体系要比王朝西部地区更牢固，中亚部落拥有的影响力和权力远大于波斯地区。中亚的部落联盟与巴比伦和埃及王国的部落联盟不同，没有要求部落民对联盟有同等程度的效忠。在巴比伦和埃及王国的部落联盟中，存在民众坚持的古老传统。很难说中亚地区对阿契美尼德王朝有多少忠诚或认同，但与后来类似，此时人们对首领的忠诚，这里指对万王之王的忠诚，肯定要超过对君
94 主体制或国家机构的认同。当然，游牧民族在选择效忠对象时，要比农耕民族更自由。

上文已经叙述了阿契美尼德王朝对于社会上层统治的特点，那么阿契美尼德的统治对中亚的普通人有哪些影响呢？阿契美尼德王朝时期，铁器开始普及，不再只有酋长、首领或军士才能使用。各地也广泛使用陶器，这当然得益于王朝的集权统治。同时，通信也比以前更加便利。阿契美尼德王朝治下和平稳定和经济增长的局面，使得定居区域和灌溉土地面积不断扩大。人口流动和中亚定居点的建立也加强了思想和文化的交流。在阿契美尼

德王朝时期，骑马技术在中亚大草原上得到发展和普及，游牧民族与农耕民族的对抗不仅仅是现实状况，还影响了定居模式，农耕民族为了抵御游牧民族而展开合作。总之，阿契美尼德王朝时期的统治促进了中亚人群（巴克特里亚人、粟特人等）形成民族或个体认同。同时它也留下了伟大的王朝遗产，作为世界的中心，让治下的所有民族都参与进来。中亚各民族在多大程度上认为自己属于与波斯人和米底人相关的雅利安家族，我们不得而知。此外，他们与阿契美尼德王朝的其他臣民——如巴比伦人、阿纳托利亚人等——的关系也难以探知，但他们彼此间的接触肯定让他们的思维有所改变，并留下遗产影响了后世。

必须要提到，阿契美尼德王朝统治的另一个特点是“王法”（阿拉米亚语为 data da malka），在《圣经》和从亚美尼亚语以及其他近东语言的借词中都有反映。我们知道王朝法律可能以巴比伦法典为基础，与希伯来人、埃及人和其他国家的地方宗教法律不同，具有世俗性质。我们可以猜测，中亚地区也通行该法律。专业法官可能像被派往其他地方一样，也去中亚任职。因为花剌子模语和粟特语中关于法律的词汇大多来自古波斯语，这也反映 95
出阿契美尼德王朝法律对中亚的影响。

在历史上，阿契美尼德王朝统治中亚虽然很模糊，但总体上是一个和平稳定、经济发展和人口增长的时期。在这段时期，塞人受到遏制。如果说有什么特别，那就是塞人被纳入了阿契美尼德王朝的军队，农耕民族和游牧民族之间也保持了力量平衡。这一期间的贸易蓬勃发展，中亚地区与王朝其他地区保持着商业和文化联系。中亚并非阿契美尼德王朝中偏远落后，甚至是类似于“殖民地”的地区，而是亚历山大及其军队垂涎已久的猎物。

注释

[1] Pyankov 的许多文章被收入 *Vestnik Drevnei Istorii* 和有关中亚的多部文集。他书中所有的资料来源，也就是他文章中所有信息的汇总，已经交到莫斯科的 Nauka 出版社，有好些年头了。

[2] Vogelsang, *The Rise and Organisation of the Achaemenid Empire, The Eastern Iranian Evidence*, Leiden: E. J. Brill, 1992, p.344, esp. pp.304–315.

[3] F. Jacobi ed., *Die Fragmente der griechischen Historiker*, vol.1, Berlin: Weidemann, 1954, p.292.

[4] 有趣的是，在阿契美尼德王朝时代的楔形文字中出现了“Cimmerian”之子的一个追随者，被称为 Saka Ugutum，这很可能与公元前 3 千纪来自东方的入侵者的名称有关，即古提人。参见 Guti. Cf. Vogelsang, op. cit., 185。

[5] 关于塞人的讨论和参考资料，参见 Vogelsang, F. Altheim, R. Stiehl, *Geschichte Mittelasiens im Altertum*, Berlin: De Gruyter, 1970, pp.126–130；拙著《古代伊朗史》，第 95、103 页；以及 Julius Junge, *Saka Studien*, Leipzig: Dieterich, 1939, p.115。

[6] 参见 K. A. Akishev, *Kurgan Issyk*, Moscow, 1978, p.47; V. Sarinidi, *L'or de la Bactriane*, Leningrad: Aurora, 1985，关于妇女，参见该书第二章和第六章。（法译本比英译本更好）

[7] 与其列出各种古典学或其他资料，我更推荐读者阅读 Junge 的书，或 I. Gershevitch 编写的《剑桥伊朗史》中 Igor M. Dyakonov 编写的《米底》（“Media”）一章，第 36—149 页。关于米底人的书目，见 Bruno Genito, “The Medes: A Reassessment of the Archaeological Evidence,” *East and West* 36, Rome, 1986, pp.11–81。

[8] 关于居鲁士在东方的活动的详细研究，见 Igor N. Khlopin, “Baktriiskii pokhod Kira II,” Altorientalische Forschungen I, Berlin: Akademie Verlag, 1974, pp.207–216，以及前述 Dyakonov 的作品。

[9] 关于这种迁移的讨论和参考资料，见前述 Altheim 和 Stiehl 的作品，第 186—190 页。

[10] 有许多关于阿拉米亚纸草的出版物，参见 A. Cowley, *Aramaic Papyri of the Fifth Century B. C.*, Oxford: Clarendon, 1923, pp.248–71: letter 6, line 2 and letter 8, line 23。

[11] *Aramaic Papyri of the Fifth Century B. C.*, pp.14–15, 298–300.

[12] 位于苦盏附近的 Kurkat（h）村应该保留这个名字，但我怀疑在这种情况下，这

个名字被应用于一个地区，可能只被这个村子保留下来。也有些人认为这个古镇是当代的乌拉秋别（Ura Tiube）。

[13] D. Schlumberger, *L'Argent grec dans l'empire achéménide*, Memoirs Délégation Archéologique Française en Afghanistan 14, Paris, 1953.

[14] 参见 M. Griaznov 的著作，*L'art ancien d'Altai*, Leningrad, 1958。许多书籍和文章都写过这种地毯，它被称为世界上保存的最古老的地毯。有关希腊在中亚的影响的一系列文章，参见 I. R. Pichikyan ed., *Antichnost' i Antichnye traditsii v kulture i iskusstve narodov Sovetsgovo Vostoka*, Moscow, 1978。

[15] 参见 B. Fleming, "Darius I's Foundation Charters from Susa and the Eastern Achaemenid Empire," *Afghan Studies* 3-4, 1982, pp.81-87。其讨论了这一时期的中亚矿产来源。

第六章

亚历山大东征和希腊文化遗产

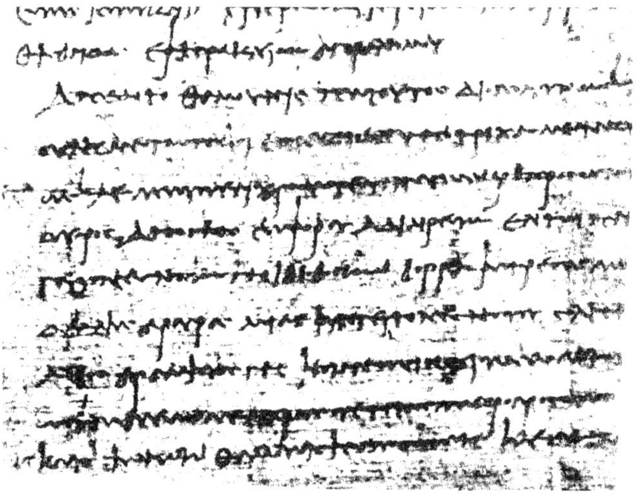

希腊文（引自 Hans Jensen, *Die Schrift*）

亚历山大征服阿契美尼德王朝的影响与近代以来西方对世界 99
其他地区的影响十分相似。[1]但对近东地区和中亚来说，阿拉伯征服和伊斯兰教在文化和社会方面产生的变革要更加广泛和深远。尽管如此，希腊化（Hellenization）仍然是一股强大的力量，尤其在文化领域和宗教领域都给中亚人群带来了思想上的改变。中亚在希腊—巴克特里亚王国（Greco-Bactrian）* 和希腊化统治时代的一个多世纪里，发生了深刻的改变。让我们从亚历山大的征服开始说起。

关于亚历山大的书比任何一个古代人物的都要多。人们爬梳了经典史料的所有细节，讲述了他的军事成就、统一希腊人和东方人的雄心壮志，以及征服阿契美尼德王朝过程中的无数其他方面的内容。在此我们只关注亚历山大在中亚的活动及其影响。关于他在中亚的活动，我们知道哪些呢?

公元前 329 年春，亚历山大由南向北越过兴都库什山，追击杀害大流士三世的凶手——巴克特里亚和粟特地区的总督比苏斯（Bessus），后者曾宣布自己是大流士三世的继承人，自称阿尔塔

* 也就是中国的《史记》《汉书》等典籍所称的“大夏”。

图 6.1　塞琉古王朝时期用象牙雕刻的亚历山大头像残件，出土于塔赫提 · 桑金遗址（Takht-e-Sangin）

薛西斯四世（Artaxerxes Ⅳ）。比苏斯曾认为自己有机会占据阿契美尼德王朝的波斯部分，或者至少是波斯以东的土地。尽管比苏斯似乎是波斯人出身，但他认为中亚人听他的号令。然而中亚当地的商人和农民不愿与一支来自远方的强大军队作战，特别是在 100
看到亚历山大的军事才能和行军速度之后，于是他们选择归顺。经过一番战斗，比苏斯被俘，后被处死，但抵抗亚历山大的活动并没有因此而停止。

巴克特里亚北部的粟特人和塞人并不准备像巴克特里亚人那样屈服，他们顽强抵抗征服者。但最终亚历山大还是攻下了撒马尔罕，并在当地驻军。之后，他到达了阿契美尼德王朝的东部边境，据说还在今天的苦盏市附近建立了一座城市。

在比苏斯之后，反抗亚历山大征服的领袖是粟特地区的一位贵族。古典文献中称之为斯皮塔米尼斯（Spitamenes），他得到了塞人的支持。当亚历山大在苦盏地区忙于建城时，斯皮塔米尼斯击败了亚历山大在撒马尔罕附近的驻军。亚历山大迅速从 101
东面进军，把斯皮塔米尼斯赶回草原，并于公元前 329 年与公元前 328 年之交撤至巴克特拉过冬。第二年春，亚历山大继续向北追击斯皮塔米尼斯，后者再次被迫逃走。这一次，塞人决定讲和。他们杀死了斯皮塔米尼斯，把他的头颅献给了亚历山大。面对亚历山大的强大武力，抵抗活动开始逐渐崩溃。这位马其顿君主的最后一仗是进攻巴克特里亚人奥克夏特（Oxyartes）的军队，后者躲在一个山地堡垒中，自认为足够安全坚固。但最终亚历山大攻占了堡垒，并赦免了奥克夏特，娶了他美丽的女儿罗克珊娜（Roxane）为妻，并命令他手下的将领塞琉古一世胜利者（Seleucus I Nikator）娶斯皮塔米尼斯的女儿阿帕密（Apama）为妻，后者也就是后来塞琉古王朝安条克一世（Antiochus I）的母亲。

在征服中亚之后，亚历山大意识到仅靠希腊和马其顿军队无法控制他所征服的庞大帝国，于是他开始让自己的军队与当地居民融合。起初，由于在阿契美尼德王朝的高级官员中，特别是在王朝的伊朗区域，波斯人占据了多数，亚历山大不得不依靠他们来协助治理。但在中亚，他发现真正的权力掌握在当地头人的手中，于是不得不争取当地头人们的支持。当亚历山大在巴里黑过冬时，花剌子模的统治者法拉斯曼（Pharasmanes）来与他讲和，于是亚历山大恢复了他的领地，类似的情况显然发生过多次。

比苏斯被俘后，阿尔塔巴左斯（Artabazos）成为巴克特里亚和粟特地区的总督，但由于他年事已高，他便请求告老还乡，并在公元前328年被马其顿人阿敏塔斯（Amyntas）接替。亚历山大于公元前327年春天离开中亚前往印度，由于粟特人和巴克特里亚人此起彼伏的反叛，他给阿敏塔斯留下了一支由希腊人和马其顿人组成的强大军队。

最好可以这样概括亚历山大离开之后的中亚统治情况：伊
102 朗官僚（包括地方头人）和外来统治者的双重统治，后者掌握着军队和征税权。这一点与后来阿拉伯人在中亚的征服有着惊人的相似。驻扎在中亚的希腊军队中，许多人思念故乡，并曾数次暴动，但都没有成功（科蒂乌斯 IX.7.2）。

关于亚历山大制定的很多促进其军队与当地人融合的政策，

有过很多论述，但我认为，如果将他塑造成一个领先于时代，在“大一统”帝国中大力宣扬全民平等理念的形象，未免言过其实。实际上，亚历山大必须将当地军队融入自己的军队，也必须依靠阿契美尼德王朝的官员来协助统治，但检验他们的标准不在于拥有开明的世界观，而是必须忠于亚历山大，无论他们是马其顿人还是伊朗人。从历史学家对他战役的记录中也可以看出，亚历山大只信任那些对他忠心耿耿的人。

但在亚历山大去世前，希腊人和马其顿人开始取代波斯人在政府中担任高级职位。这种变化的原因，究竟是亚历山大手下军官开始向他施压，还是后来他开始逐渐不信任波斯人，我们不得而知。而在亚历山大的后继者统治下，权力仍然只掌握在希腊—马其顿贵族手中，他们是军队的核心领导人，由“继业者”（Diadochi）组成，这也是统治者的称呼。

在亚历山大时代，也许更早时期，地方性的军事组织显然无法与组织良好、纪律严明的正规军队相比。希腊雇佣兵长期以来都是古代世界最强大的战斗力量，而马其顿军队不仅采纳了希腊人的战术，而且加以改进。亚历山大将许多波斯年轻人按照马其顿的模式组成一支特殊的亲军，许多地方兵源也被编入军队，而大部分由希腊人组成的军队则驻扎在了帝国东部的各个地方。这些希腊人组成的卫戍部队是当地马其顿或希腊官员的权力保障，但我们无法确定这些部队全都是“马其顿—希腊”人还是说也包
括了当地人。亚历山大似乎担心地方雇佣军会对中央的权力构成 103
威胁，因此在公元前324年下令将他们全部解散。但在命令下达

之前，他就于公元前323年在巴比伦去世了（阿里安 VII.6.1 foll.）。

亚历山大留下的遗产影响深远。东方的许多语言中都有关于他的传奇故事，在大多数故事中他都近乎“天人”。[2]在波斯世界，亚历山大既有被同化的故事，也有被妖魔化的故事。在前一种情况中，人们认为是一位在马其顿避难的阿契美尼德王子娶了亚历山大的母亲，生出了亚历山大；在后一种情况中，用中古波斯语写成的《阿尔达·维拉夫之书》（*Arda Viraf Namak*），将他描述为“居住在埃及的，邪恶、可悲、异端、罪恶、可憎的罗马人亚历山大”，这也是后来琐罗亚斯德教的观点。[3]在中亚，对亚历山大的这两种看法也很流行，而且人们的这种印象很难改变，直到后来前往东方的基督教传教士，在他们所到之处大力宣传亚历山大的良好形象，情况才有所改观。这两种说法也是伊斯兰时代人们对亚历山大的普遍看法。

当然，在帝国东部地区设立驻军以及建立希腊化城镇所带来的影响更为重要。但大部分政策并非亚历山大的举措，而是在塞琉古王朝时期才实现的。那么在亚历山大去世后，中亚的情况是怎样的呢？

亚历山大去世后，波斯人弗拉塔费涅斯（Phrataphernes）控制了帕提亚和希尔科尼亚，直到他公元前321年去世。他的继任者是菲利普（Philip），应该是一个马其顿人。斯塔萨诺尔（Stasanor）取代阿萨米斯成为阿里亚（Areia，即赫拉特）地区的总督；亚历山大的岳父奥克夏特被任命为兴都库什地区的总督，但经过短暂的任期后就卸任了。在奥克夏特之后没有证据表明希腊人或马其顿人接替了他的位置。可以推测，当地头人继续保持了他们的统治。巴克特里亚和粟特地区显然是由菲利普统治的，直到公元前 321 年亚历山大的继任者佩迪卡斯（Perdikkas）被暗杀 104
后，安提帕特（Antipater）成为亚历山大帝国在东方的下一任摄政，他派斯塔萨诺尔前往巴克特里亚，并派斯塔桑德（Stasander）担任巴里黑和锡斯坦地区的总督（狄奥多罗斯 XVIII.39.6）。

亚历山大去世后，帝国东部呈现出一种权力快速交替的混乱局面。一开始，东部地区的总督由中央任命，但很快各地就展现出独立的倾向，亚历山大的将领们也觊觎着亚历山大的宝座，其中最著名的就是安提戈努斯（Antigonos），他在各地总督之间斡旋以确保他们保持合作。斯塔萨诺尔仍然占据着巴克特里亚，而巴里黑的总督斯塔桑德被埃维图斯（Evitus）取代，接着是埃瓦戈拉斯（Evagoras），这种频繁更替的状况直到塞琉古征服帝国东部时才得以改变（狄奥多罗斯 XIX.92.5 和阿庇安，Appian, *Syriake*, fragment 55）。

塞琉古在帝国东部的征服活动已不可考，只知道他曾与孔雀王朝的旃陀罗笈多（Chandragupta Maurya）签订了一项条约，旃陀罗笈多用 500 头大象换取了对兴都库什山脉南部和旁遮普地区的统治，这份条约也帮助塞琉古在公元前 301 年战胜安提戈诺斯（斯特拉波 XV.724）。在塞琉古稳定了他未来帝国的东部地区之后，任命了东部总督，但我们在任何史料记录中都查阅不到这些总督的名字。

塞琉古时期以及他的儿子安条克一世时期，官方不断鼓励希腊人和马其顿人，当然还有安纳托利亚人、色雷斯人以及其他人群迁居东方，并建立希腊化城镇（狄奥多罗斯 XIX.27）。塞琉古王朝的君主们意图很明显，他们不仅要在东部驻军，还要在此安居扎根。但是关于早期塞琉古王朝在中亚地区的统治几乎没有留下任何记录，只能根据古典资料中的只言片语进行推测。一个叫德莫达玛斯（Demodamas）的人曾被派往中亚，最远到达了锡尔河，之后他曾写过一本关于中亚的著述，但没能保存下来。这次行动究竟是军事需要，还是仅仅为了探险，我们不得而知，但河对岸游牧民族的潜在威胁可能是这次远行的一个重要因素。

大约在公元前 294 年至公元前 293 年，安条克一世被他的父
105 亲塞琉古任命为东方总督，并可能以巴克特拉为驻地待过一段时间。据说他在梅尔夫绿洲周围修建了一道长城，并以自己的名字建立了一个叫做 Antiochia 的城市（斯特拉波 IX.516 和普林尼 VI.47）。可能正是在他的统治下，一个位于今阿富汗北部，阿姆河和科克恰河（Kokcha）畔建成了希腊化城市，这座城被当地人称为艾伊哈努姆（Ay Khanum，月亮姑娘），不过也可能是由亚历山大最早建立的。在对艾伊哈努姆城的发掘中，人们发现了一座完全希腊化的城邦（polis），有体育馆、剧院以及其他希腊城市具有的基本特征。从碑文中可以了解到，该城使用的是纯粹的希腊语，还出现了带有希腊文化特征的物品。

具有公民机制的希腊城邦和塞琉古王朝的中央是怎样划分职能的？我们不得而知。但双方很可能达成了某种协议。在巴克特里亚的希腊人，比在美索不达米亚和叙利亚的希腊人能拥有更多

的权力和自由，这两个地区的首都分别是底格里斯河畔的塞琉西亚（Seleucia）和奥伦特斯河（Orontes）畔的安条克（Antioch）。

艾伊哈努姆和中亚其他小型遗址的发现，为东方地区的希腊化研究打开了新的视野。几个世纪以来，人们要了解巴克特里亚的希腊文化，只能通过晚期希腊王国的一些钱币和零星的艺术作品。但现在我们知道了，去往东方的希腊人可以与去往西西里岛和黑海北岸的希腊殖民者相提并论，中亚的希腊王国和塞琉古王朝、托勒密王朝一样，都可以看作是亚历山大帝国的继承者。亚历山大在世时，东部的一些驻军时常因想念家乡而暴动，但在塞琉古王朝时期，希腊殖民者却选择前往巴克特里亚。他们背井离乡是出于国王之命，还是因为得到了土地奖赏或者是有其他诱惑呢？也许这两种原因皆有，但塞琉古王朝时期并没有关于东部地区殖民者反叛的记载，据此可以推测，他们是为了封赏而自愿前往的。根据记载，塞琉古王朝的殖民者被称为katoikoi，他们可以获得封赏的土地（kleroi），但条件是他们必须在军队中服役。[4]

大多数在东部建立的希腊化城镇显然不具备希腊城邦的成熟 106
全面，而是低一个等次。文献中称呼这些城镇为politeuma（小城），当地居民则称呼为katoikia（小城）。在塞琉古王朝早期，东部地区的城镇会有一位由统治者任命的总领（royal epistates），而后来则是地方势力完全占据了统治地位。总领拥有的职权或他与其他官员的关系，都不得而知，但与亚历山大之前的时代相比，塞琉古王朝的官僚机构显然更加发达、规模更大。

希腊殖民者使用希腊语作为基础官方语言，并大量铸造钱币，这证明了经济的繁荣，这种情况不仅出现在巴克特里亚，而且在希腊人统治的东部所有地区都是如此。甚至在塞琉古割让给孔雀王朝的土地上，希腊语仍是旃陀罗笈多的继承者阿育王（Asoka）时期所刻碑文的语言之一。这些碑文很有意思，其中有阿拉米亚语和希腊语的佛教经典译文。

希腊殖民者和中亚居民之间的关系，可能比埃及托勒密王朝的统治者和埃及人之间的关系要密切得多。希腊语在巴克特里亚取代了阿契美尼德王朝时期的阿拉米亚语，成为新的官方语言。顺带一提，塞琉古王朝曾定期向印度宫廷派遣使团，其中一位使者梅加斯特尼（Megasthenes）写了一本关于印度之行的书，这本书大部分已经散佚，只有少量存于其他著作中。简而言之，在塞琉古王朝早期，希腊文明与东方文化相接触并在东方迅速传播，其在中亚的传播速度比在伊朗更快。同样引人注目的是，这与后来阿拉伯人统治时期的情况很类似。

公元前 281 年，塞琉古去世，安条克一世继位。他在帝国西部遇到了许多问题，直到公元前 261 年去世。他在位的 20 年里，塞琉古王朝大部分时间都在与托勒密王朝以及其他政权作斗争。
107 中亚地区则独自发展，但仍然忠于塞琉古王朝，直到游牧民族的入侵切断了巴克特里亚和地中海之间的联系，其中最重要的就是帕提亚人从塞琉古王朝总督安德戈拉斯（Andragoras）手中夺走了帕提亚和希尔科尼亚*。这一事件可能发生在公元前 247 年，也

---

* 今戈尔甘及其南部地区。

就是帕提亚王朝 * 开始的时间，这个年份也可能代表帕提亚第一位君主安息（Arsaces）开始统治的时间。

从美索不达米亚到巴克特里亚的贸易路线，显然是希腊人维持中亚统治的重要途径。因为伊朗高原的其他地区，如法尔斯和阿塞拜疆，与巴克特里亚不同，并没有希腊驻军或定居者。可以说他们并没有走上希腊化的道路，而是在坚持自己的王朝世系和文化传统，但中亚却成为希腊文化的前哨。在塞琉古王朝对东部有效的统治结束后的一个世纪里，希腊文化不仅在印度，还在整个中亚产生了深远影响。塞琉古王朝统治时期，钱币流通量的扩大证明了经济的发展。当然，治下的经济繁荣，也会使中亚当地人及外地人都支持塞琉古王朝的统治。但由于王朝统治者对西部地区更感兴趣，因而他们忽视了东部地区，这导致中亚的希腊人走上了独立发展的道路。

注释

[1] 即使只关注中亚，关于亚历山大的著作也有很多，挑出一本很困难。关于他的传记，参见 J. Seibert, *Alexander der Gross*, Darmstadt: Wissenschaftliche Buchgesellschaft, 1972。还有最近的 D. J. Ross, *Alexander historiatus*, Frankfurt am Main: Athenäum, 1988。

[2] 从欧洲到蒙古的各种语言中，都有亚历山大的传奇故事。参见 M. Southgate, Iskandarnamah, *Iskandarnamah, a Persian Medieval Alexander-romance*, New York: Columbia Univ. Press, 1978; A. Wolohojian, *The Romance of Alexander the Great*, Armenian version, New York: Columbia Univ. Press, 1964。

[3] 关于 *Arda Viraf Namak*，参见 F. Vahman, *Arda Wiraz Namag*, Copenhagen, 1986, pp.191, 224。

* 存在时间为公元前 247 年至公元 224 年，也称安息王朝。

[4] 关于塞琉古国家组织的经典著作参见 E. Bikerman, *Institutions des Séleucides*, Paris: Geuthner, 1938，而对东部省份最完整的研究参见 S. Sherwin-Williams and E. Kuhrt, *From Samarkand to Sardis*, Berkeley: Univ, of California Press, 1993。

第七章

希腊—巴克特里亚王国和帕提亚王朝

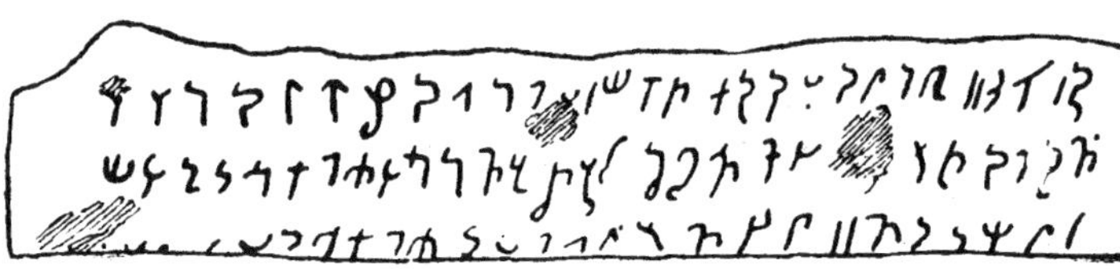

佉卢文（引自 Hans Jensen, *Die Schrift*）

有意思的是，来自不同人群和不同社会形态的两股力量终结了塞琉古王朝在东方的统治。他们分别是游牧的帕尼人（Parni）和定居在巴克特里亚的希腊人。前者在呼罗珊地区率先反抗塞琉古王朝。通过古典文献，我们可以考证出帕提亚人反抗的原因。很幸运，我们可以参考约瑟夫·沃尔斯基（Josef Wolski）的大量著作和研究，他毕生致力于帕提亚早期历史的研究。[1] 尽管帕提亚的国家起源在学界存在争议，还有一些模糊之处，但关于帕提亚的早期历史已有共识。根据斯特拉波（XIX.515）的记载，帕尼人或阿帕尼人（Aparni）是居住在里海以东大益斯坦的一个达赫（Dahi）游牧部落。大致在公元前3世纪上半叶，帕尼人南迁进入塞琉古王朝统治的前阿契美尼德王朝帕提亚地区。在决定永久占领该地区之前，他们似乎多次袭击了该地的定居人群。如今阿什哈巴德（Ashkabad）以西的尼萨是否就是帕提亚人的第一个首都，还不能完全确定，但经过大量挖掘工作后，这里已经发现了一个重要的帕提亚城镇中心。后来帕尼人南下，占领了阿斯塔纳奈（Astauene），即现在伊朗的古昌（Quchan）。根据查士丁（Justin，XLI.4）* 的 111

* 应指古罗马历史学家查士丁的《〈腓利史〉概要》。

图 7.1　帕提亚王朝时期用象牙雕刻的僧侣像，藏于艾尔米塔什博物馆（Hermitage Museum）

记载，他们在公元前 250 年或公元前 247 年左右攻打了塞琉古的帕提亚总督势力，并将之杀害，但在那之后他们似乎并没有立即巩固在帕提亚的权力，因为安条克三世在公元前 209 年东征时发现，帕尼人准备承认塞琉古的统治权。像世界上这一地区的许多游牧民族一样，帕尼人最后采用了定居者的语言并融入其中了。“帕提亚”一词指的是由阿尔沙克（Arshak）或安息建立的国家所统治的伊朗高原北部地区臣民，他们使用其官方书写文字。根 112
据帕提亚人的钱币，历代统治者都将“Arsaces”（安息）这一名字作为自己的尊号，就像罗马人将“恺撒”作为尊号一样。因此人们必须依据钱币的样式，包括统治者的半身像、头饰和其他细节，来确定钱币所代表的具体帕提亚统治者是谁。这就很容易造成鉴定上的问题和争议。

塞琉古王朝安条克三世在公元前 190 年的马格尼西亚（Magnesia）战役中被罗马人击败后，帕提亚趁机向西扩张，攻打塞琉古人。帕提亚人从希腊—巴克特里亚人的手中夺回了位于今天土库曼斯坦境内，包括梅尔夫绿洲在内的家园，但他们的都城也随着征服而西迁。我们将看到，帕提亚人后来向东扩张时，主要针对印度，而非中亚。我们先转向希腊—巴克特里亚王国。

希腊—巴克特里亚王国是阿契美尼德王朝和塞琉古王朝在中亚的继承者。[2] 令人惊奇的是，希腊和马其顿殖民者的人数可能并不是很多，但在许多领域都对中亚产生了深远的影响。当然，最显著的是希腊艺术和建筑的遗产，这一点可以从考古遗存中看出。关于定居在巴克特里亚的希腊人，也许与之最相似的是 19

113 世纪在印度的英国人。无论从城市布局还是从出土文物来看，艾伊哈努姆遗址都完全是一个希腊化城市，这与新德里不同，新德里并不能被称为一座英国化城市。在艾伊哈努姆的希腊碑文中，既有纯粹的希腊名字，也有当地的伊朗名字，这表明当地居民与希腊定居者是生活在一起的。希腊文化对中亚地区的影响，比对高原上的伊朗人影响更深，因为到目前为止伊朗还没有发现类似的遗址。帕提亚人确实也接受了希腊文化，但显然没有像其东方邻居那样全心全意地接受。其中一个原因可能是希腊殖民者大多集中在巴克特里亚，这是通往中亚和印度的关键区域。这里的希腊化城镇遗址甚至要多于从美索不达米亚到东方一路上的遗址，尽管考古学家尚未对伊朗的希腊城镇进行挖掘。但是与通往东方的主要路线相比，希腊人在阿塞拜疆和法尔斯留下的痕迹很难引起关注。艾伊哈努姆也并不是唯一的城镇，因为其他城镇，如坎大哈（亚历山大时期的阿拉霍西亚）、加兹尼（亚历山大时期的Caucasum）、罽宾（Kapisa）* 或贝格拉姆（Begram）的城镇，同样守卫着通往印度的贸易路线，这些城镇可能在阿契美尼德王朝时期已有雏形。被派往巴克特里亚的移民，与去往塞琉古王国西部地区的移民没有什么不同，但当地环境影响了移民的人数和类型，其中既有战略原因，也有精细管理灌溉用水之需的原因，还有在东方生活的其他因素。

塞琉古一世将兴都库什山以南的土地割让给孔雀王朝，即

---

* 即克什米尔。

使在安条克三世远征后，这些土地也未能收复，生活在这一地区的希腊人仍然受到孔雀王朝的统治。但在北部，特别是小亚细亚的移民不断来到巴克特里亚定居，他们不仅建立了城镇，还扩大了灌溉面积，促进农业蓬勃发展，巴克特里亚因而变得富有。最初，巴克特里亚王国是这片大区域的中心，辐射粟特地区、梅尔
夫绿洲和西南部的赫拉特，但随着粟特地区人口的增加，这一地 114
区的独立倾向越发严重，大约在公元前 170 年，粟特地区在当地统治者的领导下基本实现了独立。而梅尔夫绿洲也在某个时期被帕提亚人占领。

随着塞琉古王朝的注意力逐渐转向西方，就在公元前 246 年安条克二世去世后，巴克特里亚地区的总督狄奥多托斯（Diodotus），低调表示要从塞琉古王朝独立，并在几年后公开宣布。我们无法确定，在钱币上印上自己的名字是否真的代表了要与塞琉古人完全割裂，因为通往西方的贸易路线并未中断。似乎巴克特里亚经济上的自给自足是其与塞琉古王朝的西部脱钩的一个重要原因。

塞琉古时代有祭奠已故君王的传统，到了安条克三世时期，这个传统变成了要为现今的统治者及其配偶祈福。巴克特里亚的
希腊人在多大程度上遵循这个习俗，我们不得而知。没有证据表 115
明，对已故或在世国王的崇拜对希腊移民或本土人群的生活有很大影响。在当时的希腊—巴克特里亚人眼中，还有更需要重视的大问题。北部游牧民族的入侵随时都会发生，希腊—巴克特里亚王国必须抵挡这种侵犯。但是巴克特里亚富饶的土地和发达的商业，使这个新王国不仅站稳了脚跟，还能够向印度扩张。

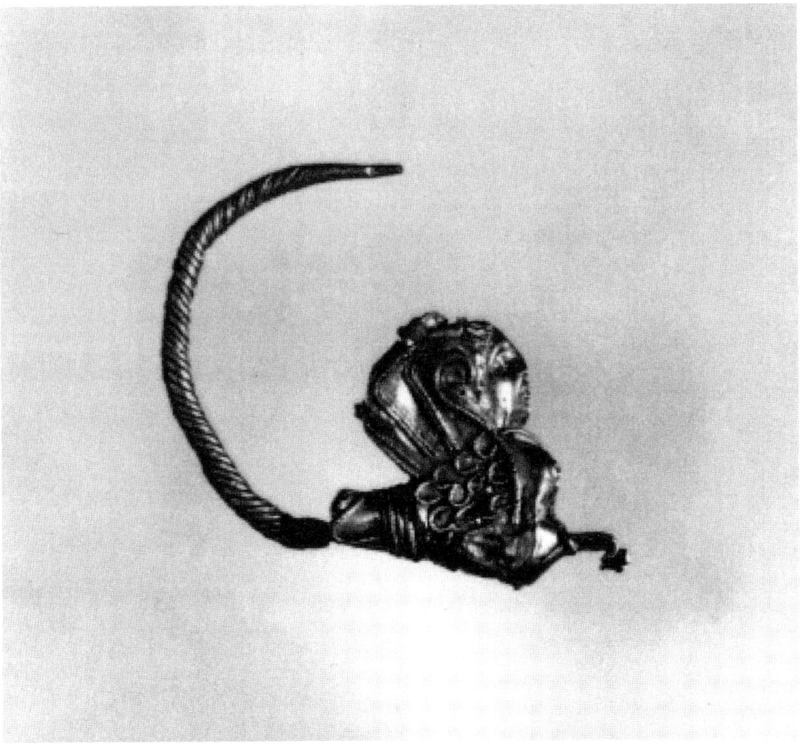

图 7.2　贵霜时期狮身人面像造型的金吊坠，藏于杜尚别

狄奥多托斯一世的继任者是他的儿子狄奥多托斯二世，后来即位的是攸提德莫斯一世（Euthydemus I），据说他刺杀了上任君主（波利比乌斯，XI.34）*。在这三位国王的统治时期（约公元前246—公元前205），巴克特里亚王国的统治范围仅限于巴克特里亚及其北部省份，之后南方富饶的印度平原吸引了统治者的目光。攸提德莫斯一世可能向南方发动过军事行动，但他的儿子德米特里一世（Demetrius I）更有可能在印度劫掠，即便不是征服。德米特里是否曾征服喀布尔河谷，甚至远到阿拉霍西亚等地的区域，这一点不得而知，即使在那些地方发现了巴克特里亚王国的钱币但也并不能说明什么。在某一地区发现钱币并不能表明这一地区已经被某个统治者占领。完全依赖钱币学而重建的历史可能会有误差，因此仅能猜测。

因为文字史料非常少，希腊—巴克特里亚王国历史的重建绝大部分都依据对钱币的分析。这些精美的钱币是希腊货币艺术的典范，钱币正面精细地刻画着国王的特征。钱币学家通过分析钱币的面部特征、符号、重量和发现地点，已经能部分重建希腊—巴克特里亚王国所发行的大量钱币的时间顺序。

攸提德莫斯的儿子德米特里一世，很可能已经越过了兴都库什山往南征服，但他的征服范围仍然不确定。从发现的钱币来看，人们可以认为德米特里的继任者将希腊—巴克特里亚王国的版图扩展到了现在的阿富汗南部、锡斯坦部分地区和印度西北部

* 应指古罗马历史学家波利比乌斯的《通史》。

地区。很难确定这么多地区处于哪些统治者的治下，也很难确定这些地区被统治了多久。根据查士丁（XLI.6）的记载，一个叫攸克拉提德斯（Eucratides）的人在公元前171年左右夺取了政权，
116 统治到公元前145年，并在印度实施了征服行动。但根据斯特拉波（XI.517）的记载，他在面对西部的帕提亚人时丢失了土地，可能是阿里亚（赫拉特）及其周边地带。钱币表明，后来还存在着许多统治者，而他们究竟是谁我们只能猜测。

从钱币上看，人们可能会认为希腊—巴克特里亚王国发生了分裂，因为钱币学家发现攸克拉提德斯的继任者发行的钱币，主要集中在兴都库什山脉以北，而攸提德莫斯和德米特里家族的继任者所发行的钱币则集中在山脉以南。但这种推测存在例外。[3] 一般来说，人们认为，依据希腊阿提卡重量标准（Attic standard）、有希腊文字图案的钱币，铸造于兴都库什山以北，而那些有两种铭文（用希腊和佉卢文字母拼写的俗文）和印度重量标准的钱币，则铸造于印度边境地区。但还有许多统治者同时铸造了这两种类型的货币，因此很难界定它们出现的时间和地点。[4]

一位著名的希腊统治者，弥兰王（Menander，约公元前150—公元前135），对印度进行了大规模的征服行动，他以佛教供养人的身份被保留在佛教文献中。在印度和阿富汗南部发现的，由希腊统治者发行的各种钱币表明，希腊—巴克特里亚王国的权力和兴趣已经转移到了印度，将兴都库什山以北的土地留在了当地总督或领主手中。北方统治者仿制的希腊—巴克特里亚钱币，使得

当时的政治情况更加复杂。由于希腊人在印度的情况并不在本书的介绍范围内，所以我们要问，在攸克拉提德斯去世后，兴都库什山北部究竟发生了什么？

钱币学家认为赫利奥克勒斯（Heliocles）是最后一位在巴克特里亚平原上直接统治中心王国的希腊君主，时间约为公元前145年至公元前130年，尽管赫尔梅乌斯（Hermaeus）的钱币暗示后来他可能成为贵霜人的附庸，统治着兴都库什山脉的某地。在中亚也发现了另一位统治者安提马库斯（Antimachus）的钱币，他可能在游牧民族入侵后，也统治了兴都库什山以北的山地，同时其他小型地方统治者也可能继续存在，并铸造发行钱币。但随着1世纪贵霜帝国的建立，人们认为印有希腊名字的钱币，如印 117
有阿奇比乌斯（Archebios）和希波斯特拉图斯（Hippostratus）的钱币，仅流通于印度地区。

根据汉文和希腊文史料，可以知道希腊人在巴克特里亚的统治结束时的情景，位于兴都库什山以南的希腊王国，不仅要应对中亚游牧民族的入侵，后来还要应对帕提亚人的扩张。在转向介绍改变中亚历史的重大事件之前，不妨先简单回顾一下帕提亚人的情况。

米斯拉提德斯一世（Mithradates I，约公元前171—公元前138）是第一位帕提亚君主，他统治时期发行的钱币很多，在不少地方都出土了，这是权力巩固的体现，也说明伊朗高原上形成了一个国家。虽然没有资料证据，但有可能就是这位米斯拉提德斯一世从希腊—巴克特里亚人手中夺取了赫拉特地区。但在他去世后，帕提亚人和希腊—巴克特里亚人一样，遭受了来自中亚游牧民族的入侵。米斯拉提德斯一世的继任者普拉提（Phraates），输给了入侵的塞人并被其杀害。他的叔叔阿尔塔巴努斯也在公元前123年与游牧民族作战时被杀，直到米斯拉提德斯二世统治时期（约公元前123—公元前87），帕提亚人才再次在东方树立权威。也许定居在萨卡斯坦（Sakastan）的塞人承认了米斯拉提德斯二世的统治，并成为他的藩属。根据阿富汗南部和印度出土钱币上的帕提亚名字——法恩（Vonones）、斯帕拉豪里斯（Spalahores）、斯帕里里塞斯（Spalirises）、冈多法勒斯（Gondophares），可以推断，当时帕提亚君主们统治着包括塞人在内的当地人群。但这已经超出了中亚史的范围。

注释

［1］Jozef Wolski, *L'Empire des Arsacides*, Acta Iranica 32, Louvain: Peeters, 1993, p.218. 关于 Jozef Wolski 的其他著作，见 E. Dabrowa, Bibliografia 1937–1979, *Zeszyty naukowe uniwersytetu Jagiellon skiego*, prace historyczne z.70, Cracow, 1981。关于通史性著作，参见 M. Colledge, *The Parthians*, London, 1967 和 G. Koshelenko, *Rodina Parfyan*, Moscow, 1977。

［2］关于希腊—巴克特里亚王国有两本奠基之作。W. Tarn, *The Greeks in Bactria and India*, Cambridge: Cambridge Univ. Press, 1951; A. Narain, *The Indo-Greeks*, Oxford, 1957. 从那时起，钱币学家的许多文章丰富了我们关于希腊—巴克特里亚人的知识。

［3］W. Tarn, *The Greeks in Bactria and India*, pp.222–224.

［4］关于钱币的最新研究参见 O. Bopearachichi, *Monnaies gréco-bactriennes et indo-grecques*, Catalogue raisonné, Paris: Bibliotheque Natl., 1991。

第八章

游牧民族的到来

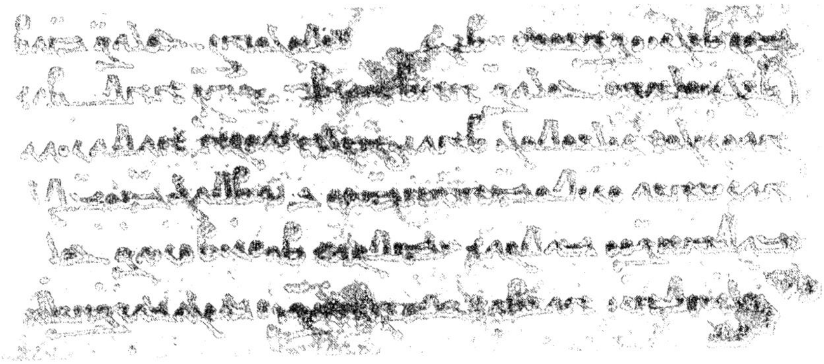

摩尼帕提亚文（引自 Hans Jensen, *Die Schrift*）

公元前2世纪末中亚形势发生的变化，既与希腊—巴克特里亚王国内斗而造成的衰弱相关，也与这一时期游牧民族的强势大规模入侵有关。[1]此前也曾发生过游牧民族的劫掠，帕尼人甚至冲进了帕提亚地区，但新一轮迁徙的冲击力和游牧部落的繁多，可与罗马帝国末期日耳曼人大迁徙（Völkerwanderung）相提并论。 121

如果我们参考汉文史料的记载，那么这些游牧部落是从中国西北地区，也就是今天的甘肃省迁徙而来的。根据在塔克拉玛干沙漠等地发现的干尸在内的考古资料可知，中国西部地区的古代居民在体质特征上属于欧罗巴人种而不是蒙古人种。然而据此也并不能假设他们就是最早操印欧语的人群，因为他们可能很久之前就已经生活在这一区域。历史的帷幕在公元前2世纪拉开，当时这些生活在甘肃的游牧部落受到了另一群北方游牧民族的攻击，汉文史料中称后者为匈奴。

毋庸置疑，汉人与其北方邻居的不断冲突由来已久，但在周朝（公元前3世纪之前），由于地方封建势力坐大，加之游牧部落之间不睦，游牧民族和农耕民族之间似乎保持着一种力量上的微妙平衡。到了中国历史上的战国时代，出现了诸侯割据，其中秦、赵和燕三个诸侯国直接面对北方的游牧民族，它们开始防范

122 游牧民族的袭扰。这三国北筑城墙，以御游牧民族南侵。公元前221年，秦始皇统一六国后，这些城墙连接起来，成为专门用来抵御游牧民族的“长城”。公元前202年，秦朝被一个更强大的王朝——汉朝所取代。与此同时，零散的匈奴部落也统一起来，一个游牧帝国很快就与中原王朝发生冲突，这种农耕帝国和游牧帝国之间的冲突持续了数世纪之久。

匈奴同时还攻击了甘肃河西走廊的另一个游牧民族，在汉文史料中后者被称为月氏。月氏被匈奴打败后分裂为二，即小月氏和大月氏。前者南下进入了吐蕃人生活的高原地区，而大月氏则在约公元前175年西迁，穿过准噶尔盆地来到富饶的伊犁河谷。大约12年后，匈奴人联合臣服于自己的乌孙部落一起攻打了大月氏，并将他们赶出了伊犁河谷，伊犁河谷很快就被乌孙人占领。于是，大月氏南下进入了中亚西部，迫使其他游牧民族向南迁移或逃散。匈奴人控制了在塔里木盆地的绿洲小国，这些小国的居民在汉文史料中不再被称为月氏或其他人群，而被统称为胡人（Hu）。

如前所述，有大量涉及月氏的文献，这不仅可以确认月氏人身份的历史学问题，也涉及一个语言学问题，因为人们认为月氏人的语言属于印欧语系西支（颚音类）的吐火罗语，在库车和塔里木盆地北部等地发现了他们的后裔用这种语言书写的两种方言文献。人们从古汉字拟音提出了许多有关吐火罗人身份问题的观点，但始终未取得一致的看法。现在一般认为，吐火罗人应是建立贵霜帝国的月氏部落联盟中的一部，并用自己的名字给其活动地域命名，即中世纪的吐火罗斯坦（Tokharistan），也就是古代叫巴克特里亚和现在的巴达赫尚。月氏部落联盟中的一些人群在迁移过程中可能留在了塔里木盆地北部的绿洲，他们的后裔书写用 123
的语言被现代学者称为吐火罗语。

公元1世纪时，操阿尔泰语系语言的匈奴还没有进入中亚西部地区，并且匈奴内部四分五裂，比如南匈奴臣服于汉朝，而北匈奴不受汉朝控制。匈奴分裂的一个关键因素是统治者的承嗣问题，匈奴单于去世后的王统通常是兄终弟及，而非子承大统。这一规则出现了诸多变乱和叛离。这一时期，阿尔泰语系的民族先开始进入蒙古高原西部，然后进入伊犁河谷及其周边地区，这些人与操伊朗语的民族还有其他人群混居在上述地区。这些“其他人群”中，可能存在早已消失的操乌拉尔语的人或民族。

公元前150年左右，中亚地区的政治状况大致如下：汉朝在中原已经取代了秦朝，并于公元前198年与匈奴达成了和平，承认匈奴对包括西域绿洲国家在内的长城以外地区的统治，汉朝每年向匈奴冒顿单于大量纳贡。公元前174年冒顿单于死后，尽管他的继任者对汉朝发动过几次袭击，但双方基本保持和平。在伊犁河谷和今天哈萨克斯坦西部的大草原上，居住着匈奴的附庸乌孙人。乌孙人可能是奄蔡（As，阿斯部）的祖先，是后来阿兰人（或阿兰聊）的一个分支，都操伊朗语。南方的月氏人征服了位于今塔什干的康居国，也征服了粟特的部分地区。应该说月氏人只是建立了对中亚绿洲定居居民的统治，因为联盟是游牧民族建立统治的一种方式，而根据汉文史料记载，月氏人还没有建立一个囊括农耕地区的帝国。

公元前150年，希腊—巴克特里亚王国属于攸克拉提德斯统治时期，可能仍然掌控着希萨尔山以南的土地。阿姆河西岸的土
124 地可能是希腊—巴克特里亚王国的一部分，或是由当地的粟特领主统治，甚至可能是在帕提亚人统治之下。此时的帕提亚人似乎同时控制着梅尔夫绿洲和赫拉特，以及帕提亚在中亚西部固有的土地。但这一时期没有证据表明，包括印度在内的东部地区有小领主与帕提亚人存在关联。兴都库什山以南的地区由弥兰王在内的希腊统治者控制，但弥兰王与攸克拉提德斯，或所有这些人之间的关系如何，我们只能猜测。

希腊人与中亚人也不断在融合，希腊人在长期接触中接受了中亚人的万物崇拜，或者与希腊人自己的众神对应起来。这一点可以通过艾伊哈努姆的神庙遗址和今天位于阿姆河岸边的塔赫提·桑金遗址清楚地反映出来，将希腊神灵和当地神灵融合在一起的过程就像西方（宗教）的状况一样。但钱币上依然保留着希腊尊号，如soter，意为救世主，这表明虽然希腊王国在政治上衰落了，但是其文化的影响力并未衰弱。巴克特里亚的管理机构可能仍发挥着作用，但大部分的军事力量已经转移到了印度地区。

公元前150年塞人具体在什么地方仍是未解之谜，他们应该是生活在中亚绿洲附近的人数最多的游牧民族。但我们知道后来塞人在曹炬吒（Drangiana）建立了王国，即现在的锡斯坦，该词源于“塞人”一词。塞人还在阿富汗南部、印度以及和阗一带建立了王国。塞人是何时迁入这些地区的呢？

根据查士丁（XLII）和斯特拉波（XI.8）的记载，大约在公

元前 130 年，一个游牧部落联盟摧毁了希腊人在巴克特里亚的统治，当时巴克特里亚在位的应该是攸克拉提德斯的继承人赫利奥克勒斯。一般而言，在游牧民族征服过程中，结局要么是征服者将对手赶走，要么是征服者并入对手的联盟。希腊—巴克特里亚王国的灭亡，看起来是属于后一种情况。在这一过程中有许多塞人南下进入锡斯坦，甚至到印度，而其他游牧民族则留在了粟特和巴克特里亚。

如今我们所称的和阗—塞语（Khotan-Saka），其得名源于它 125
和印度塞人统治者的碑刻与钱币上的语言从根本上讲是相同的。根据用这一语言写成的文献，我们能判断出，塞人曾经占据了西域南部的绿洲，可能占领了疏勒（喀什噶尔）、莎车（叶尔羌）与和阗绿洲，还有东边的其他一些小型村落。另一种说法认为塞人征服是一个缓慢的过程，也许吸收了现在浑扎地区的布鲁夏斯基人先祖，兼并了印度的贸易城镇，其证据是比和阗—塞语文献更早的俗语（Prakrit）残卷。有人推测说塞人可能在阿契美尼德王朝之前就已经进入西亚的东边。到了希腊—巴克特里亚时代，这些塞人可能已经生活在西亚的东部。也有可能在公元前 2 世纪末，有一群塞人从中国的西部翻越高山进入印度平原，但这一点有待求证。

游牧民族从农耕民族手中成功地夺取了中亚的政治控制权，因此在公元前 100 年，我们看到西亚东部呈现出了不同的政治景象。此时在位的帕提亚国王是米斯拉提德斯二世（Mithradates II，公元前 123—公元前 87 年在位）。塞人已经占领了锡斯坦，并在之前的战争中击杀了两位帕提亚国王，但后来被米斯拉提德斯二世击败，后者“万王之王”的名号意味着对小藩属统治者们的征服，他还恢复了帕提亚人在东部的霸权。定居在锡斯坦的塞人首领是否成为帕提亚人的藩属，或者以特定方式接受了帕提亚人的统治，我们并不清楚。在接下来的一个多世纪里，帕提亚人与印度的贸易路线得以恢复，得到很好的保护。公元前100年，锡斯坦、阿富汗南部和印度次大陆西北部的塞人和帕提亚的地方统治者开始统一。

现在普遍认为，著名的贵霜人建立了政权，并以其部落名称命名其国家为“贵霜帝国”，他们是汉文史料中记载的月氏人的一支，正是他们推翻了希腊—巴克特里亚王国。但在印度史料
126 中，通常一并提及希腊人（Yavanas）、帕提亚人（Pahlavas）、塞人和贵霜人的前身，视他们为生活在印度次大陆西北部的人群和统治者。确定阿富汗和印度次大陆西北地区的君主王统的办法，就是依据他们发行的钱币的文字、款式，以及一位君主对另一位君主发行的钱币的重复铸造。根据这类钱币，特别是钱币上君主的名讳可以看出，塞人、希腊人、帕提亚人的小藩属君主同时统治着不同地区，所以从米斯拉提德斯二世去世到公元60年左右的贵霜王阎膏珍（Vima Kadphises）时期，可以看成小国林立、各自为政的时期，而阎膏珍统治时期的贵霜人逐渐巩固了兴都库什山以北的统治。

本书的意图不是探讨诸如各小国君主的王统之类细枝末节的内容，而是从宏观角度对中亚的历史性变化作总体性考察。希

腊—巴克特里亚王国灭亡的结果是，游牧民族进入中亚，开启了统治的时代。毫无疑问，在新的统治秩序之下，被征服地区的官僚机构发生了变化，原有的官僚机构和社会在新统治之下究竟能保留多少呢？如同在阿契美尼德王朝的行政机构中加进了希腊元素，并在塞琉古王朝时期得以延续一样，希腊—巴克特里亚王国制度一定也为游牧民族提供了一个示范。但是在巴克特里亚的核心地带，塞琉古王朝的机制占据主导地位，这使得希腊语完全取代阿拉美语，成为唯一的行政语言。但在粟特和今天土库曼斯坦的帕提亚地区，阿拉美语仍然是主要行政语言。直到1世纪，用阿拉美变体文字书写的当地语言才取代了阿契美尼德时代的官方阿拉美语。但在兴都库什山脉以南，印度的影响更大，包括使用佉卢文（Kharoshthi）以及婆罗米文（Brahmi）。此时帕米尔以东的地区是什么情况呢？

公元前100年，汉朝与匈奴之间的和平早已结束，汉朝控制了塔里木盆地的绿洲诸国。汉武帝派遣使者张骞出使月氏，张骞 127
于公元前126年回国，并写下了他的旅行报告，此后中原与费尔干纳（大宛）盆地和中亚西部其他地区建立了联系。根据这一时期中国的重要史书《史记》的记载（第123卷），公元前101年，李广利率军包围了费尔干纳的王城并使之臣服，遥远的西部邻国第一次感受到中国的实力和影响。从此，蒙古高原、中原和西域的局势影响着包括西部在内的中亚各地。根据一些游牧部落后来所处的位置，我们可以判断，许多大大小小的游牧部落从中亚的一处迁到另一处，但相关记录阙载。我们的推测很大程度上仰赖于汉文史料中出现和已消失的游牧民族名称，而对于当时的中国人来说，由于事件发生在遥远的西部，所以他们的记载多半以传言的方式呈现，而不完全是真实记录。

中亚东部和西部的绿洲诸国都经历了遭受游牧民族入侵和统治的历史，而东部的绿洲各国还受到汉朝的影响。借助汉朝的力量来对抗北部游牧民的策略成为中亚政治的关键，对于塔里木盆地北部的政权而言更是如此。当然汉朝人也擅长分而治之，他们也同样利用绿洲各国的矛盾来达到自己的目的。

在三个多世纪的时间里，中亚西部地区一直处于外族统治之下，最早是波斯人，后来是希腊人。但这两股外来力量都没有给中亚地区的人民带来沉重的枷锁，新到来且更大的游牧民族也乐于接受此前建立的文明，并将其融入自己的传统之中。希腊—巴克特里亚王国可能在中心地带受到游牧民族入侵（约公元前130年）之前的几十年，就丢掉了希萨尔山脉以北的领土。古典史学家称，入侵巴克特里亚的游牧联盟大体有阿斯部（奄蔡）、吐火罗部（Tokhari）、帕西安部（Pasiani）和塞劳卡伊部（Sakarauli,
128 Sakaucae），但各家说法不一。最后一个应该是塞人，或是其中的一个具体部落。而其他则是来自中国的月氏人，但很明显月氏人在前往阿姆河的一路上吸收了其他游牧部落。阿斯部可能是后来被称为阿兰人的部落；而另一个入侵者帕西尼人，其名有不同写法的变体，可能他们是普什图人的祖先，但这只是猜测。能确定的是希腊—巴克特里亚王国在遭到大规模的游牧民族入侵后，一些塞人留在了巴克特里亚，而其他游牧民族南下去了锡斯坦

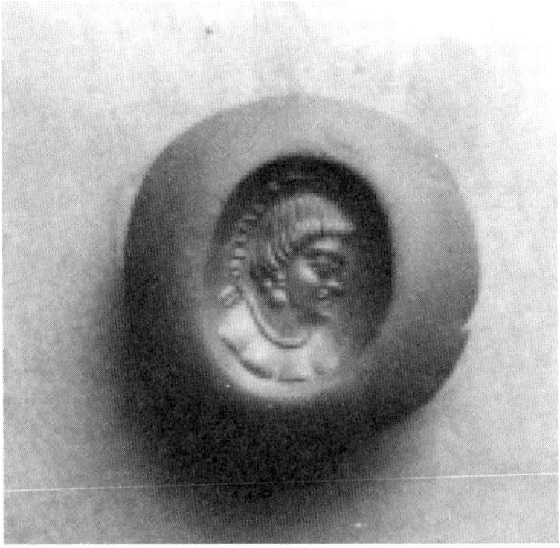

图 8.1　疑似嚈哒公主像的印章，铭文有残损

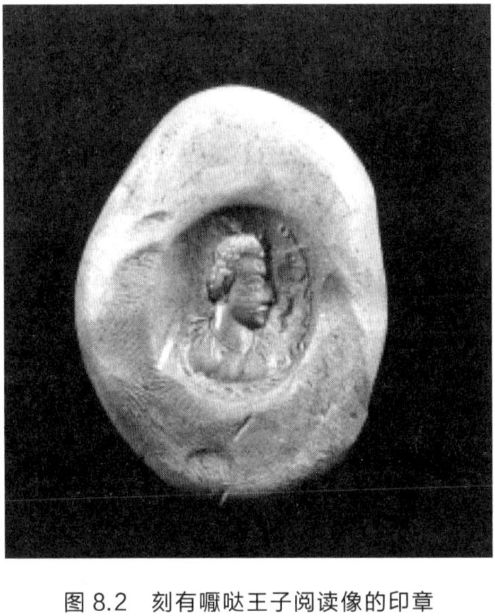

图 8.2　刻有嚈哒王子阅读像的印章

和印度。根据汉文史料记载，还有一些游牧部落留在了阿姆河以北，直到一个多世纪之后才渡河进入巴克特里亚，这些部落应与贵霜有关联。关于在希腊—巴克特里亚王国灭亡后的一个多世纪里的中亚西部，我们完全不清楚其情况，无法确定各个部落的统治范围，唯一能确定的是在公元前 130 年至公元前 20 年，各种游牧群体统治着中亚，也许是和希腊—巴克特里亚灭亡后遗留的小邦一同统治的。

如前所述，汉使张骞提到塔什干地区有一个叫康居的王国，
129 而后来从撒马尔罕来中国的商人和其他人都被称为康姓。这意味着康居和撒马尔罕在特定时期指的是同一个地方，但更重要的是，汉朝将康居和费尔干纳都描述为游牧民族统治的地区。这意味着这两个地区的人可能又重新回到了游牧生活，因为这两个地区以前都存在城镇。此外，这两个地区此时似乎不像南方地区那样人口稠密。可能费尔干纳河谷和塔什干平原的城市都不多，游牧民族很容易就可以占据农村地区。

显然在汉朝人眼里，月氏是一个重要的部落，否则他们不会派使者不远万里去寻求结盟以共同对抗匈奴，* 尽管这种结盟从未达成。西域的绿洲诸国也都处于汉朝的管辖之下，因为匈奴已经因内讧而衰落。在汉武帝（约公元前 140—公元前 87 年在位）长时间的统治末期，中国在中亚的权力和影响力达到了顶峰，甚

* 按照《史记》的说法："匈奴破月氏王，以其头为饮器，月氏遁逃而常怨仇匈奴，无与共击之。"汉朝寻求与月氏通使的直接原因是月氏与匈奴有仇，欲与其夹击匈奴。

至遥远的费尔干纳也与中国派去的军队缔结和约。匈奴失去了在塔里木盆地以北的统治权，但汉朝人在该地区的统治也并非一帆风顺，因为当地不断反抗，最后汉朝内乱，只能从当地撤出。

游牧民族入侵没有给中亚西部的农耕民族带来很大的变化，定居者的文化深深影响了游牧民族的统治者。同时游牧民族也长期保持着自己的生活方式，并为巴克特里亚艺术与文化的精华带去了新风。

已经出土的游牧民族墓葬，充分体现了公元1世纪巴克特里亚的文化态势，特别是阿富汗北部的黄金之丘（Tilla Tepe），从中发现了大量黄金制品。[2]这些黄金制品中有皮扣、各种首饰珠宝和牌子。我们发现其中有希腊写实特征、充满想象的游牧风格，表现猎人和猎物或二者搏斗的扭曲变形的动物形象，僧侣体 130
的“帕提亚”风格，甚至还有来自印度风格的影响。这种多元文化是游牧时代在贵霜帝国形成之前的特征。它是一个典型的变革时代。

艺术风格的丰富和宗教盛行相呼应，各种各样的神灵在中亚地区受到崇拜，这种情况一直持续到贵霜时期，在此时的钱币上反映得很明显。很难说有些神灵只在特定的地方被尊崇或被一些特定的部落尊崇，或者万神殿也四处传播，受到普通崇拜。但希腊众神和波斯神以及印度神一起受到崇拜，这一点与近东在希腊化时代所发生的情况是相同的。此外，已经证实了存在着面向特定地区的神灵献祭或供奉，如在塔赫提·桑金遗址神庙发现了向阿姆河的献祭就是明证。而祖先崇拜在定居民族和游牧民族中都是存在的。我们推测，游牧民族可能还将自己的萨满信仰和仪式带给了农耕民族，后者将之融入了多元文明体系之中。但是此时似乎并不存在一个庞大的、组织良好且等级森严的宗教阶层，比如萨珊王朝时期琐罗亚斯德教教会那样的等级体系。当然，基督教和佛教这样的全球性宗教此时尚未开始传播，尽管在贵霜人来到之前，在中亚已经有了佛教的僧侣和信徒。而贵霜人会像整合游牧民族与农耕民族一样，通过捏合不同的文化流派，在中亚的艺术和文化领域建立起一项帝国的传统。

注释

[1] 关于这一时期有几本包含大量参考书目的著作。参见塞诺《剑桥早期内亚史》，尤其是第 176 页前的内容。以及 J. Harmatta ed., *History of Civilizations of Central Asia*, vol. 2, Paris: UNESCO, 1994。

[2] 同前 V. Sarinidi, *L' or de la Bactriane*。

第九章

被遗忘的贵霜

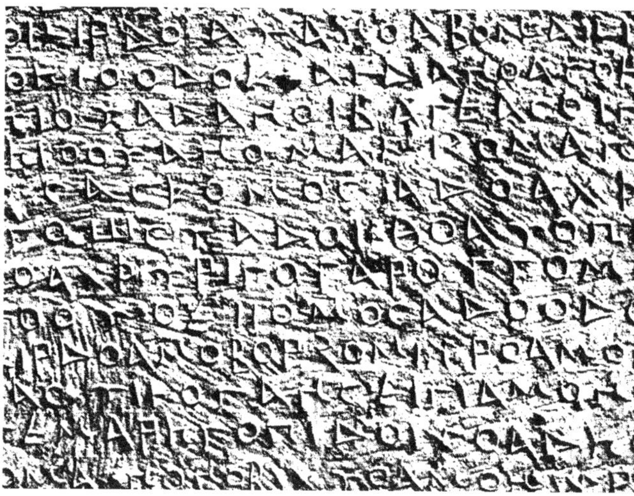

贵霜—巴克特里亚文(引自 Göbl, *Die drei Versionen der Kaniska—Inschrift von Surkh Kotal*, Öterreichische Akademie der Wissenschaften, Denkschrift 88, Vienna, 1965)

在近代考古学兴起以前，贵霜帝国只是众多被遗忘的国家之一。西方史料中除了几部亚美尼亚史以外，甚至连贵霜这个名称都没有出现过。无论在西方古典文献还是在后来的伊斯兰文献中，对于巴克特里亚人的记载都很少，他们不像帕提亚人和萨珊人这群东方邻居那样，在历史上有过浓墨重彩的记述。然而贵霜人在罗马和印度之间的贸易繁荣中起了重要的作用，尤其在公元初年人们发现了印度洋的季风后。在100多年的时间里，“大”贵霜王与中国东汉王朝、帕提亚王朝以及罗马帝国的统治者不分伯仲。在巴克特里亚人的文字记载中，贵霜号称当时的四大帝国之一。尽管贵霜帝国与印度之间的关系可能非常紧密，但印度的修史传统很薄弱，于是贵霜人被遗忘了。然而，贵霜的统治者仿照居鲁士与阿契美尼德王朝以及其后的亚历山大与希腊人建立了一个新的法统。甚至中世纪晚期克什米尔地区的统治者仍然声称自己是贵霜后裔，以此来证明自身统治的合法性。贵霜帝国灭亡后，其他政权统治者仍然会在发行的钱币上自称是贵霜人。 133

除了包括钱币和碑文在内的考古遗存外，我们很难有重构贵霜人及其后继者历史的途径。国际上虽然有过几次关于贵霜人的会议，但是连贵霜统治者的在位时期都未能达成一致意见，因此我们只能根据碑文中的年代序列获得一个大致的而不是准确的纪年。[1]尽管如此，我们也可以试着确定贵霜统治者的大致在位时间，以及贵霜在中亚的统治范围，并简要说明其在印度的统治情况。

134 中国的官修史书《汉书》和《后汉书》记载了贵霜帝国的形成过程。[2]但这两本书和其他汉文史料都存在一个问题：都是事后撰写的，并经过了再加工，所以有时会难以判定事件到底是什么时期所发生的。由于没有其他资料来源，我们只能了解这些有史记载的事件的大致状况，并结合钱币材料和希腊古典文献中的一些信息作补充。

在赫利奥克勒斯在位时的希腊—巴克特里亚王国灭亡后，月氏在此领地上建立了五个小国，贵霜就是其中之一。我们根据《汉书》（第96卷）的记载，这五个小王国分别由五部翕侯（yabghu）统领，但大部分人口是定居的巴克特里亚人、希腊人或其他从西亚西边迁来的人群。根据《后汉书》（第118卷）的记载，大夏于公元前130年灭亡，而后又过了100年，贵霜部落的翕侯统一了其他四部，建立了贵霜帝国。此后，他从帕提亚帝国手里夺走了高附（Kao-fu，即古代喀布尔）和兴都库什山以南的部分土地（天竺）。贵霜帝国形成的时间并不确定，但应该在公元1世纪初。

开启统一进程的贵霜王被称作丘就却，应该就是钱币上的Kujula Kadphises。从他统治时期所发行的钱币上看，其与兴都库什山地区最后一位希腊王赫尔梅乌斯有联系。有说丘就却在位时间达80年，这不是不可能，从他发行钱币的种类和数量来

看，他确实统治了相当长的一段时间，但在位 80 年有些言过其
实。丘就却之后的统治者是阎膏珍，阎膏珍就是钱币上的 Vima
Kadphises，他可能是丘就却的孙子。后来因内讧，汉籍文献中对
贵霜帝国的记载中断了，但有一些贵霜干预西域内政的零星记 135
录，这些记录发生在公元 90 年，当时东汉将领班超打败了贵霜
军队。尽管西域的一些地方小王国可能受到了贵霜的保护，但是
没有证据表明贵霜帝国统治过西域。关于贵霜的统治者，我们可
以从钱币上获取哪些信息呢？

钱币学家们根据钱币材料重新梳理了该王朝统治者的世系，具体如下：月氏部落联盟中的一个头人，在丘就却之前或丘就却在位时就铸造了钱币，尽管钱币上的图案不是很清晰，但已经确定是赫劳斯（Heraus）时期的一种钱币。从钱币的发现地点来看，他可能统治着巴克特里亚，或者至少是巴克特里亚的北部地区。此外还有大量钱币是一位自称“大救世主”（soter megas）的统治者所发行的。这些钱币直到现在才被认为是发行于丘就却晚期或阎膏珍早期，甚至可能是在这两位贵霜王之间的一位不知名讳的统治者。最后一种猜测是有可能的，不然丘就却和阎膏珍的统治时期加在一起就超过 100 年了。

这一问题得以解决是在 1995 年 9 月，当时尼古拉斯·辛姆斯·威廉姆斯（Nicholas Sims-Williams）在英国剑桥召开的欧洲伊朗学学会会议上作了报告，内容是他对阿富汗北部新发现的巴克特里亚语碑刻的解读。这段碑刻提到迦腻色伽王下旨建造了一座寺庙，碑文明确说，丘就却是其曾祖，Vima Taktu 是他的祖父，

而阎膏珍是他的父亲。因此，Vima Taktu 就是之前在钱币上自称“大救世主”的统治者。这段碑刻还列出了需要祭祀的众神，排在第一位的就是娜娜（Nana）女神，可能是中古波斯语中的阿纳希塔（Anahita）*。碑刻中提到了其他关于迦腻色伽王和早期贵霜统治者的新信息。

阎膏珍时代发生了一些变化，他是第一位铸造金币的贵霜统治者，金币重量与罗马的奥里斯金币（aureus）相同。他统治到1世纪末。设想当时的时代环境，我们可推测贵霜统治地区依然存
136 在着藩国统治者、帕提亚人总督和塞种（塞人）王国的体系。这有可能有点像戴克里先（Diocletian）之后的罗马帝国一样，实行双王制或分大、小君主的治理制度。阎膏珍铸造的大多数钱币背面是湿婆（Siva）的形象，说明他信仰印度的湿婆。阎膏珍的继任者迦腻色伽王，则在统治期间进行了更大的改革。

我们根据碑文发现，第一项改革就是在迦腻色伽一世元年纪年时发生了变化。关于这个“元年”具体是哪一年，存在巨大争议，从公元78年，即印度碑文中“所谓的塞种纪年”，大致到公元3世纪都有可能。很难确定迦腻色伽一世的统治从何时开始，他最有可能登基的时间是120年左右，他至少统治了23年，因为这是他的名字在碑刻中最后出现的时间。

迦腻色伽一世时期的第二项改革就是钱币上的铭文语言，从希腊语变成了当地的波斯语，我们称之为巴克特里亚语。尽管有

* 即水神、河伯。

些学者认为这项改革在阎膏珍时代就已经开始，但在阎膏珍时代的钱币上并没有发现这种变化，这在我看来是非常重要的问题。第三项改革是钱币上的神形象增多，包括希腊、伊朗和印度的神，这表明了迦腻色伽一世对宗教实施了一种宽容的政策，不过佛教徒声称迦腻色伽一世是信佛的。当然，在贵霜帝国的统治下，佛教非常兴盛，但这似乎发生在后来的统治者如迦腻色伽二世时期。如果仅根据碑刻的日期，迦腻色伽一世的继任者应是瓦西希伽（Vasishka），他只在位四年，之后的继任者是胡韦斯伽（Huvishka），他统治时间是从迦腻色伽纪年 28 年到 60 年。但是有些钱币学家将瓦西希伽放在韦苏特婆（Vasudeva）之后，后者是最后一位所谓“大”贵霜王。在胡韦斯伽时期，贵霜帝国可能正处于其统治的顶峰。钱币和考古遗迹发现表明，在这位统治者统治时期，贵霜帝国的版图扩大到中亚阿姆河的两岸，但不包括位于花剌子模的阿姆河河口。在粟特，当地首领可能是以贵霜藩属的身份进行统治，控制着希萨尔山以南的巴克特里亚地区作为其中心地区。

像中亚的许多统治者一样，贵霜人也觊觎着富饶的印度平 137
原。阎膏珍及其继承者向南方多次发动征服活动，最终贵霜帝国控制了印度的中部和西北部，以及罽宾的部分地区。在马图拉（Mathura）发现了许多贵霜人的造像等遗存，印度的这一片领土在“大”贵霜王的统治终结后仍然处在贵霜人的统治下。根据碑文上的年代，迦腻色伽纪年 90 年属于贵霜最后一位统治者韦苏特婆的统治时期。

贵霜帝国统治时期，帕提亚人不仅控制着尼萨周边的故土，还拥有梅尔夫绿洲，而赫拉特和锡斯坦可能是由当地藩国首领统治的。阿富汗南部和信德（Sind）的情况尚不清楚，因为在公元1世纪，也就是贵霜帝国初期，这一地区由冈多法勒斯（Gondophares）、阿巴达哥希斯（Abdagases）、法恩（Vonones）诸王统治的印度—帕提亚帝国统治了很多年。到了迦腻色伽王时代，贵霜人似乎已经统治了该地区。此外，根据钱币材料推断，直到公元3世纪，帕提亚的地方统治者仍然治理着今天阿富汗南部的部分地区。但随着公元3世纪萨珊人的崛起，帕提亚人和贵霜人在今天阿富汗多地的统治都结束了。因此贵霜人的繁荣时期主要是在公元2世纪。

公元2世纪是整个东方的黑暗时期，又是充满变革的时代即将来临的时期。在近东，基督教徒和犹太教徒校订了经文，建立了正教。包括琐罗亚斯德教在内的各种世界性或普遍性宗教正在形成。通用的阿拉米亚语和希腊语书面语言开始让位给地方性语言，如帕提亚语、中古波斯语、粟特语、花剌子模语等，这些语言都用阿拉米亚语字母书写，而巴克特里亚语则是用希腊字母的变体书写。同时拉丁语也开始在近东挑战希腊语的独尊地位。忠诚和身份认同也发生了变化，原因在于宗教正在成为个人身份认
138-139 同的关键标志，而不只是统治者的臣民身份。神秘主义和哲学泛滥，但地方崇拜和信仰的旧秩序似乎仍然流行于中亚，先是受到佛教的挑战，后来才受到其他世界性宗教的挑战，包括混合了各种宗教的摩尼教（Manichaeism）。

图 9.1　贵霜晚期阿甫拉西雅卜（古代撒马尔罕）的女神泥塑（引自 V. A. Meshkeris, *Sogdiiskaya Terrakota*, Dushanbe, 1989, p.117）

如同希腊国王一样，贵霜帝国的王统最终也在印度消失。在迦腻色伽世代对贵霜的统治结束之后，我们发现印度次大陆上只剩下一些小国，而此时贵霜人的故乡巴克特里亚发生了什么？根据碑刻记载，迦腻色伽世代可能有一位迦腻色伽二世进行过短暂统治，但他的统治时间如何，其与该王朝的关系如何并不清楚。钱币学家依据钱币资料，推测认为甚至在韦苏特婆之后还有一位韦苏特婆三世。但这些在印度的贵霜王统并不是本书关注的内容，现在还是回到中亚。

根据考古发掘材料可知，在“大”贵霜王统治时期，中亚的灌溉和农业面积巨大，甚至超过了以前的时代。[3]在兴都库什山脉以南的贝格拉姆发现了中国制造的漆器、印度雕刻的象牙、希腊制作（可能来自埃及）的玻璃和希腊风格的石膏牌子，这一切都反映了远距离贸易往来以及贵霜帝国的繁荣。在其他遗址，如巴克特里亚北部的达尔维津（Dalverzin）和哈尔查养（Khalchayan），发现的壁画和雕塑，其丰富程度可与贝格拉姆媲美。

根据考古学家的研究，这一时期中亚各地的灌溉系统发展到了最高水平，各种农作物，包括葡萄园和葡萄酒的酿造，都得到了蓬勃发展。武器（剑、盔甲、弓箭）、纺织品、青铜和其他金属制品以及陶瓷制造等手工业的细节内容会占去大量篇幅，此处暂不讨论。此外，包括大型宫殿、防御工事、寺庙等在内的大型建筑也达到了极高水平，这些都揭示了贵霜人统治时期在物质文
140 化方面的成就。中亚的这种繁荣状况，即使在后贵霜时代的战争期间依然在延续。

图 9.2　迦腻色伽雕像，藏于马图拉博物馆（Mathura Museum）

这种繁荣出现的一个因素是贵霜帝国的货币政策，其与阎膏珍改革之前的货币政策形成了鲜明对比。在丘就却之前时代的钱币系对攸克拉提德斯和赫利奥克勒斯时期钱币的拙劣仿造，通常用低含量的银制成钱币。希腊统治者的全身像渐渐不再出现在这些银币上，并被当地统治者的半身像所取代，同时，钱币上的希腊文也出现了越来越多的讹误。

阎膏珍和他的继任者不再按照传统在钱币正面刻印统治者的全身像，而是改刻君主的坐像或立像，君主位于一小祭坛前，身着厚皮袄和靴子，这种服饰是贵霜君主的标志。钱币背面常有众神之一的形象。金币和铜币代替了过去常见的银币，大量发行的
141 铜币反映了当地活跃的货币经济。其实，贵霜人的西边邻居帕提亚人只用银币，这表明通常贵霜人更注重贸易往来和经济发展。此时的花剌子模先是模仿帕提亚人铸造攸克拉提德斯银币，后来他们开始铸造自己的钱币，再后来才效仿贵霜人铸造铜币，梅尔夫绿洲的情况也是如此。

粟特的钱币一开始按照攸提德莫斯时期的钱币式样铸造，但后来变成按照当地的式样，而柘支（塔什干）也发行了自己的钱币。虽然贵霜帝国推行金币本位制，最初主要是针对与印度和罗马帝国的贸易，但在实际中影响了贯穿中亚与中国的贸易。可能只是因为重量的原因，人们在商业交易中普遍使用贵霜金币。贵霜人改用金币也可能是为了孤立仍使用银币的帕提亚人。不管怎样，贵霜帝国的繁荣很快就影响了北方邻国。此外应该注意的是，仿制钱币的野蛮行径可能是官方所为的，也可能是私人所为

的，这两者往往难以定夺。

由于缺乏有关社会阶层和土地所有制的文献资料，我们只能借助后来的很多资料加以推测。整个中亚地区的土地掌握在君主个人，或政府、贵族、寺院、公社、村庄等组织手中，普通个人很少拥有土地。草场通常由部落控制，但政府只会对适合放牧的草场主张所有权。

贵霜帝国控制了许多城镇，与游牧迁徙时期相比，其城市化进程相对较快，因此我们推测可能存在官僚机构，其拥有军队并组织征税。根据碑刻中的职官信息以及结合印度和中国的材料，我们可以试图不太全面地整理出贵霜帝国的行政体系。

我们先从统治者的称号开始，"万王之王"之名出现在希腊语、巴克特里亚语、印度语的钱币和碑刻文献中。这一荣誉虚职 142
意味着一个地方统治者的体系，他们清楚自己的权力和权威，正如人们所想象的一个辽阔且多元的帝国那样。在巴克特里亚以及在印度平原，地方权力掌握在贵霜君主任命的总督或地方官员手中，但在更偏远的山区，地方统治者可能只是承认贵霜帝国的宗主权。

在"大"贵霜王时期，发行的钱币图案上有俗语"devaputra"的字样，意为"天神之子"，与中国皇帝的"天子"称号意思接近，也与晚期希腊主义的精神相符，但这并不意味着贵霜君主具有了神性。贵霜统治者可能模仿西方罗马皇帝的做法，造就了帝王崇拜的体制，这一点在印度苏尔·科塔尔（Surkh Kotal）和马图拉两地的帝王造像神龛中有所体现。这种崇拜可能只针对死 143

图 9.3　贵霜时期的石制建筑，位于喀布尔附近的古尔达拉佛寺（Guldara monastery）

去的帝王，就像普遍存在的祖先崇拜一样。中亚西边出现了从希腊宗教到世界性宗教的变化，尽管贵霜帝国没有发生宗教上的变化，但在世界性宗教的全面影响下，已经具备了逐渐吸收当地各种地方宗教传统的条件。

作为第一个世界性宗教，佛教传播到了中亚，但它总体上并没有与当地宗教发生冲突，当地将佛教视为一种哲学，或一种与当地信仰并行不悖的生活方式。正如本章前文所述，从阎膏珍发行的钱币来看，他可能偏爱印度的湿婆，而从韦苏特婆的名字来看，他似乎更喜欢毗湿奴（Vishnu）。迦腻色伽王，也可能是迦腻色伽二世，在佛教文献中被认为是佛陀的狂热信徒。可以说在贵霜帝国时期，佛教不仅被允许存在，有时甚至得到了统治者的支持，因此得以传播，尤其是在中国的西部。佛教在中亚的传播情况将在后文章节讨论。

虽然并不清楚，但贵霜帝国君主可能有一个专门为其出谋划策的议事会。将领（kara-lrango，根据苏尔・科塔尔发现的碑文记载）或军官（kanarang，意为监军）直接向君主献策。当然也有文官，其大多是更早时期体制的延续，但似乎贵霜人在统治时保留了大量过去的地方行政机构。有理由相信印度的情况与巴克特里亚可能大不相同，因为游牧传统在巴克特里亚行政机构中发挥的作用要比在印度更大。可惜的是除了上述的只言片语外，再无更多有关贵霜帝国行政机构的资料信息。

我们还没有足够证据来重建贵霜帝国各地行政机构的架构，但通过同时期的帕提亚王朝和罗马帝国东部省份出现的封建社会

图 9.4　贵霜服饰，藏于马图拉博物馆

形态，可以推断贵霜帝国也可能处在相同的社会状况。这进一步 144
说明了在地方长官或总督治下，存在着一个从村长到镇长再到省区官员的层级权力运行机制。关于司法权如何从行政权或军事权中分离出来，我们不得而知，但可以推测，可能存在大量的官员，其具体职责如何并不详。如贵霜时期印度文献中提到的官职dandanayaka，被解释为治安长、将军或审判官等。此外，我们无法通过中亚文献或其他信息来确定地方政府的性质，因此不能假定中亚的情况与印度地方的情况类似。

在社会方面，中亚显然并没有印度那样的种姓制度，在这里更自由的游牧社会组织在一定程度上影响了农耕社会。我们必须要问的是，游牧民族是否像后来那样，独立于定居地区之外，但仍然与农耕社会维持联系？牧民无疑是存在的，但在帝国的管理中，部落是否拥有权力呢？在“大”贵霜王的统治下，部落似乎 145
还没有什么权力，直到贵霜帝国灭亡很久之后，在4世纪的萨珊时代，才有新的游牧民族入侵，并重新掌握统治权。

尽管关于贵霜人的书面资料非常少，但我们从他们那里获得了意义持续且重大的遗产，那就是艺术。对贵霜帝国时期的遗址或相关的其他遗址地层进行多次发掘后，贵霜帝国时期的艺术和建筑样貌比以往变得更加清晰。贵霜帝国初期的艺术风格融合了希腊化风格、游牧风格、当地风格和印度风格等元素。但在“大”贵霜王的统治下，有两股力量主导着艺术领域：帝国艺术和佛教艺术。前者的标志是穿着厚重外套和靴子的贵霜皇帝造像，如上文提到的发现于苏尔·科塔尔和马图拉的石窟造像。贵霜帝国的建筑艺术与阿契美尼德王朝时期一样，展示了帝王至高无上的主题。当然地方传统的艺术形式依然存在，它们不仅受到帝国艺术风格的影响，也受到帝国内部其他地方艺术风格的影响。

首要的一个问题是，在贵霜人统治时期，他们的建筑和城市规划与先前的希腊和印度传统到底有什么不同呢？中亚希腊城市规划的主要目的在于抵御游牧民族的入侵，所以通常会建一座坚固的城堡，城堡周围以及城市周围建有非常厚的城墙。我们发现后期用土坯筑的墙要比之前更多，而在石料丰富的山区，有一种独特的“布片”式结构的墙体形式（这种建筑风格将大小不一的石头混合而成，不用砂浆而压实在一起）。希腊城市由体育馆、剧院、中心广场等组成的典型特征似乎已消失。贵霜时期的寺庙以希腊神庙为原型，演变成周围环绕着走廊的宗教活动场所，而且有各种变化。随着佛教的传播，典型的佛教建筑开始出现，如舍利塔（stupa）、僧院（vihara），以及有佛陀或菩萨形象的神
146 龛。因此中亚的建筑既显示出许多变化，也继承了过去的风格和技术。

中亚西边经历了从自然描绘人体的希腊风格到庄重、等级分明的帕提亚式风格的转变。但这种转变发生在贵霜的时间要比在中亚西边晚一些。中亚还有一个重要的影响因素：印度。印度风格的造像和雕刻对女性身体的刻画非常细腻。中亚多种风格交织的艺术比伊朗的艺术风格更加复杂。另一个重要的贵霜艺术是佛教艺术。

图 9.5　贵霜时期佛龛供养人的群像（引自 I. T. Kruglikova, *Drevnyaya Baktriya*, vol. 2, Moscow, 1979, p.123）

这种艺术风格叫做犍陀罗艺术（Gandharan），是依据其发源地而命名的，是一种与贵霜帝国的艺术同步发展的佛教艺术。学者们认为犍陀罗艺术受到希腊艺术的影响，从运用法轮等象征符号转为用人的形象来描绘佛陀。另一种佛教风格似乎始于马图拉地区，但这是印度艺术史的一部分。而犍陀罗艺术兴盛于贵霜时
147 期，这种艺术风格随着佛教的传播，从阿富汗一路传到了中亚和中国的新疆。犍陀罗艺术在传播过程中也不断适应当地风格，这体现在克孜尔千佛洞、柏孜克里克（Bezeklik）千佛洞等地的壁画中。多年以来，中亚艺术的传播情况和各个阶段之间的相互作用，一直吸引着艺术史学家的目光。今天见到的场景已比 50 多年前所认识的要更清晰，但也更复杂，当时人们认为佛教没有传播到巴里黑直至巴米扬一线以西的地方。而现在总体轮廓已经很明显了，只需要填补一些细节，就可以更全面了解整个佛教传播过程中各地发生的变化。

贵霜帝国的衰落和灭亡

人们认为在韦苏特婆一世之后，萨珊人征服了巴克特里亚故土和贵霜帝国西部地区，“大”贵霜王的统治就结束了。从迦腻色伽末期纪年记载的碑文日期，我们可推测萨珊人取胜的时间。阿拉伯历史学家塔巴里（Tabari）的记述，以及后来的其他阿拉伯史料告诉我们，萨珊王朝的建立者阿尔达希尔一世击败帕提

亚帝国，并在西部建立统治之后，开始转向进攻锡斯坦、古尔甘（Gurgan）、帕提亚的阿巴尔沙尔（Abarshahr）*、梅尔夫（木鹿）、巴里黑、花剌子模等，到达呼罗珊的最远边界，之后又回到了法尔斯省的古尔（Gur，今菲鲁扎巴德）**。贵霜人、土兰人（Turan）、马克兰（Makran）等地诸王向阿尔达希尔一世表示臣服。虽然可能有些夸张，但无须怀疑阿尔达希尔一世在公元 230 年左右向东进军的基本情形。

30 多年后，阿尔达希尔的儿子沙普尔一世（Shapur I），在法尔斯省纳克什 · 罗斯塔姆（Naqsh-e Rustam）石刻造像的琐罗亚斯德教方碑（Kaba）碑文上记述称：他所统治的王朝包括从土兰、马克兰、帕尔丹（Paradene）、信德斯坦（Hindustan）、贵霜城（Kushanshahr），直到白沙瓦（Peshawar），以及（往北）到渴石（Kesh）、粟特和柘支的山区。我们推测最后三地可能还未向 148
沙普尔进贡或向他臣服，但前边的地区都已受萨珊王朝统治。这些地区的所在位置并不难确定，我们推断其方位如下：在中世纪的阿拉伯地理学中，土兰 *** 可能就是今天俾路支省的卡拉特地区（Kalat）。马克兰无疑是土兰南部的马克兰海岸，而帕尔丹可能是今天的奎达（Quetta）。信德斯坦肯定是信德省的一部分，但是具体是多大范围则不得而知。

贵霜帝国的疆域（有部分是沙普尔一世声称的疆域）东到白

---

* 即今天的内沙布尔。

** 萨珊王朝的早期首都。

*** 这个地名位于巴基斯坦西部的山区，不是中亚的图兰。

沙瓦，未到平原地区；北到希萨尔山脉，并越过此山脉到达渴石和粟特、柘支地区的山地。对这一信息的初步分析，可以说明贵霜帝国在沙普尔一世之前（可能是在他父亲的时代）就已经被划分为至少两部分：印度地区和包括中亚山区的巴克特里亚地区。此外，用词含混不定说明巴克特里亚以北的希萨尔山脉、卡什卡河流域、粟特以及山区以南的塔什干平原的农耕地区，可能仍然与南部的贵霜保持一定松散的联系，而碑文的作者对此却语焉不详。同时碑文中没有提到任何被派往贵霜地区的萨珊总督，因此我们可以得出结论，大约在碑文所镌刻的公元 260 年末，铸造各种钱币的贵霜—萨珊型统治者还没有出现。

萨珊总督如何取代，以及何时取代巴克特里亚的贵霜统治者尚不清楚，但比较可靠的推测应该是在公元 270 年沙普尔统治晚期，至少贵霜帝国北部地区已经开始并入萨珊王朝。到公元 4 世纪末，萨珊在巴里黑或梅尔夫统治着贵霜人的故土，因为萨珊在这两个地方都铸造了钱币。萨珊总督们还保留了“贵霜王”“大王”，甚至“贵霜王中王”的称号。最后一个称号出现在霍尔木兹（Hormizd）的钱币上，他可能是萨珊国王巴赫兰二世（Bahram II）的兄弟，据说巴赫兰二世于公元 276 年登基后，霍尔木兹在王朝东部发动过叛乱。

149 钱币学家根据钱币的风格，特别是钱币上冠冕的样式，将统治贵霜帝国的萨珊诸王，按时间顺序排列如下：阿尔达希尔一世 · 贵霜沙（Kushanshah）、卑路斯一世（Peroz I）、霍尔木兹一世 · 贵霜沙汗沙（Kushanhan Shah）、霍尔木兹二世、卑路斯二世、巴赫兰一世、巴赫兰二世。[4]除了卑路斯和霍尔木兹发行过少量银币外，其余君主发行的钱币都是金币和铜币，而且这些钱币要么遵循厚重的贵霜风格（巴里黑铸造？），要么遵循轻薄的萨珊风格（梅尔夫铸造？）。由于在阿姆河沿岸出土了贵霜—萨珊型钱币，我们猜测萨珊人可能已经像过去的贵霜人那样对这一地区实行了统治。然而，在粟特和花剌子模出土了不同的地方钱币，这表明各个绿洲小国都是独立的。贵霜—萨珊人的统治时间可能不超过一个世纪，但此时，萨珊习俗和波斯语在巴克特里亚得以传播，尽管并没有取代巴克特里亚语。这似乎表明中亚地区的语言开始从当地语言向波斯语转变，这一过程直到后来阿拉伯征服才最终完成。

由于没有文献资料，我们并不知道萨珊人对兴都库什山脉以南的统治范围究竟达到哪里。在好战喜功的沙普尔二世（309—379）时期，居住在阿富汗山区的一些民族可能臣服于萨珊人。但在沙普尔二世去世后，游牧民族再次从萨珊人手中夺回了对东部大部分地区的控制权。

注释

［1］对贵霜研究有价值的参考书目，参见 G. Fussman, *Chronique des études Kouchanes (1978–1987)*, *Journal Asiatique*, *JA*, p.275, nos. 3–4, pp.331–400。以及 A. L. Basham, *Papers on the Date of Kanika*, Leiden: E. J. Brill, 1968 和 B. G. Gafurov, *Central Asia in the Kushan Period*, 2 Vol, Moscow, 1974–1975。参考书目见 B. N. Puri, *Kushānā Bibliography*, Calcutta: Nay a Prokash, 1977 和 M. Stwodah, *Kushans, Annotated Bibliography*（英语、波斯语合刊），2 Vol, Kabul, 1978。有关印度贵霜统治的历史，参见 B. N, Puri, *India under the Kushānas*, Bombay: Bharatiya Vidya Bhavan, 1965，以及加尔各答大学教授 Bratindra Nath Mukherjee 的许多著作。

［ 2 ］有关贵霜人的所有中文文本的翻译，参见 *Basham*, E. Zürcher, *The Yüeh-chih and Kaniska in the Chinese Sources*, pp.346–393。

［ 3 ］A. Mukhamedjanov, "Economy and Social system in Central Asia in the Kushan Age," in J. Harmatta, ed., *History of Civilizations of Central Asia*, vol. 2, p.270.

［ 4 ］J. Cribb, "Numismatic evidence for Kushano-Sasanian chronology," *Studia Iranica*, 19(1990), pp.151–193. 关于东部贵霜总督的统治时间存在很大争议，最可靠的推测约在公元 270 年到公元 360 年之间。

第十章

丝绸之路

中文（引自 Hans Jensen, *Die Schrift*）

1877年，德国地理学家冯·李希霍芬（Richthofen）发明了“丝绸之路”一词，用来描述古代从中国到西方的贸易路线，因为丝绸是这一路线上最有价值的纺织品，也是最受欢迎的商品。丝绸十分重要，以至于希腊和罗马世界把丝绸产地中国称为赛里斯国（Seres，来自希腊语ser，意为“蚕”），尽管当时希腊和罗马完全不了解远东。 153

在中国改革开放和苏联解体之后，“丝绸之路”这一说法十分流行，联合国教科文组织围绕“丝绸之路”这一主题组织了一个多方参加的项目，包括论坛、展览和实地考察等。围绕这一主题的书籍和文章也越来越丰富，其探讨的不仅包括横跨亚洲大陆的陆上“丝绸之路”，还包括东西方之间的海上“丝绸之路”。[1]这一概念在现代经济和商业世界中产生了巨大影响，使人们认为中亚的古代史和中世纪史就是由中国和西欧之间的远程国际贸易主导的。因此，我们需要回顾有关中亚史与“丝绸之路”各方面的内容。

从公元前3千纪开始，中国就已经有了育蚕和缫丝的记录。中国人将养蚕纺丝的整个流程保密了好多世纪，直到公元纪年后的几个世纪，外来商人才了解了桑叶养蚕的过程以及制造丝绸的

方法。日本和西方国家的丝绸生产开始得都很晚，但印度似乎是
154 个例外，因为在早期的梵文文献中存在制丝的记载。关于蚕引入印度和拜占庭帝国的故事惊人地相似，都是通过走私的方式：蚕进入印度是通过藏在一位中国公主的头饰里，进入拜占庭是通过藏在僧侣们的手杖里。而中国丝绸贸易的时间比其他地区丝绸生产的时间还要早得多。

就像现在石油是液体黄金一样，丝绸在古代中国不仅是最重要的贸易品，也是最重要的支付手段。为了让游牧民停止劫掠，中原王朝向游牧民族缴纳成捆成匹的丝绸。同样，中原王朝也用丝绸奖励为朝廷作出特殊贡献的个人。朝廷严格把关丝绸的生产，即使在养蚕业传播到其他地方之后，中国丝绸仍然因质量上乘、做工精巧而闻名于世。

亚里士多德曾提到，丝绸是由虫子生产的，但他显然不知道，这种轻盈结实且舒适的纺织品生产细节极多。[2]丝绸服装在罗马非常珍贵且价格高昂。直到罗马帝国富有的居民们对丝绸的需求多起来之后，“丝绸之路”才真正繁荣起来。早期罗马帝国与贵霜帝国崛起的时间接近，可以将这一时期视为中国与罗马帝国之间“丝绸之路”的真正开端。

贵霜统治时期，国际贸易得到极大发展，中亚的粟特人利用西方对丝绸的需求，中国对马匹、玉石和香料的需求，以及印度对黄金的需求，在三者之间从事商业贸易。中亚商贸中的各种药材也是重要物资。而南北贸易路线也在这一时期开始发挥作用，南方人以银制的盘子、花瓶等手工艺品，交换来自北方出产的毛

皮、蜂蜜以及波罗的海出产的琥珀等。然而这项贸易在贵霜帝国灭亡之后的好几个世纪才飞速发展。需要注意，在当时的所有社会中，奴隶始终是一种重要的商品。

在古代和中世纪的市场上，奴隶贸易不仅在本土进行，许多 155
人还去往富饶的中国进行奴隶贸易，尤其是在唐朝时期。中国，特别是宫廷，需要来自西方的舞者、百戏，特别是乐人，以供娱乐。早些时候，库车以盛产音乐家而闻名。中亚的乐器，如两弦琴和三弦琴，在中国社会中颇受喜爱。此外，像鸵鸟这样的域外珍禽异兽也被长途运到中国宫廷。简而言之，“丝绸之路”是一种国际性的贸易体系。这一体系中的不同商品流向不同的方向，并不只是往来于中国和西方之间。从东汉到唐末（公元前 1 世纪到公元 10 世纪），各个势力都从“丝绸之路”贸易的扩大中获利，它们同时也渴望着其他的利益。

罗马、帕提亚和中亚商人之间的竞争非常激烈，并直接影响 156
到国家之间的政治关系。帕提亚人，以及随后的萨珊人，企图通过控制陆路来垄断通往西方的丝绸贸易，而中亚商人则不断寻找方法，试图规避帕提亚人和萨珊人设置在境内的障碍，如高额的通行费。尽管印度人和粟特人在中亚东部都有贸易站点，但印度人喜欢沿着“丝绸之路”向东穿过叶尔羌、和阗的南道，而粟特人则倾向于经过库车、吐鲁番的北道。逐渐地，粟特人相比印度人占据了更大的贸易优势，许多粟特人都融入了当地人群。但是他们似乎在伊斯兰教兴起之前的很长一段时间里，一直保持着粟特人的身份。

图 10.1 钱币上的贵霜服饰，福鲁吉的收藏品（Foroughi collection）

这一方面，粟特人的“古信札”特别有趣，年代略晚于公元311年，发现于中国为了防御游牧民族，用柽柳与土建造的长城西端的烽燧遗址中。[3] 此“古信札”揭示了一条在中原、粟特腹地和巴克特里亚之间发达的贸易路线，路上分布着连续的驿站。这条路线在贵霜统治时期得到了极大的发展。并不是说有一条商路实际存在而已，而是说中亚地理环境和政治的稳定条件决定了商人选择的道路。总的来说，巴克特里亚的商人在冬天似乎更愿意沿着阿姆河向北走，即使炎热的夏天也没有阻挡他们的这个选择。而在春秋两季，他们会翻越希萨尔山脉和其他山脉，因为那里的气候比较温和，还可以为商人和驮畜，主要是巴克特里亚双峰驼提供补给。后来，人们引进了阿拉伯单峰驼，其逐渐取代了中亚西部的双峰驼。而马匹，特别是来自费尔干纳的马，在汉文资料中被称为“汗血马”，在中国享有盛名。

如果在欧亚草原上存在一个政权，能够长期维持其境内的商 157
路安全，并为商队提供帮助，那么商人在进行商旅时可能更愿意走北方草原之路，而不是走复杂的山路，如越过喀喇昆仑山或喜马拉雅山去印度，或通过瓦罕走廊去巴克特里亚。公元7世纪的突厥汗国就是一个例子，它控制着草原贸易路线。但没有一个帝国能像13世纪的蒙古帝国那样控制着远距离的贸易路线并维持其稳定。在大多数时候，最佳的路线是穿过塔里木盆地中的绿洲诸国，再经河西走廊进入中原。

注释

[1] 关于丝绸之路的出版物有很多，特别是相关的影集和展览。关于展览参见

Along the Ancient Silk Routes, Central Asian Art from the West Berlin State Museums, New York: Metropolitan Museum, 1982。关于影集参见 C. Thubron, *The Silk Road*, New York, 1989。关于丝绸之路的详细说明，参见 H. Klimkeit, *Die Seidenstrasse*, Cologne: DuMont, 1988。在德黑兰，甚至还有一本名为《丝绸之路》(*Silk Road*)的英文期刊。

[2] Aristotle, *Historia Animalium*, V19 (17) and 11 (6). 他关于丝绸的不确定的描述，一直是整个罗马帝国时期西方蚕业知识的基础。

[3] 关于粟特"古信札"，参见 F. Grenet and N. Sims-Williams, "The Historical Context of the Sogdian Ancient Letters," *Transition Periods in Iranian History*, Studia Iranica, Cahier 5, Paris, 1987, pp.101–122。

第十一章

佛教东方

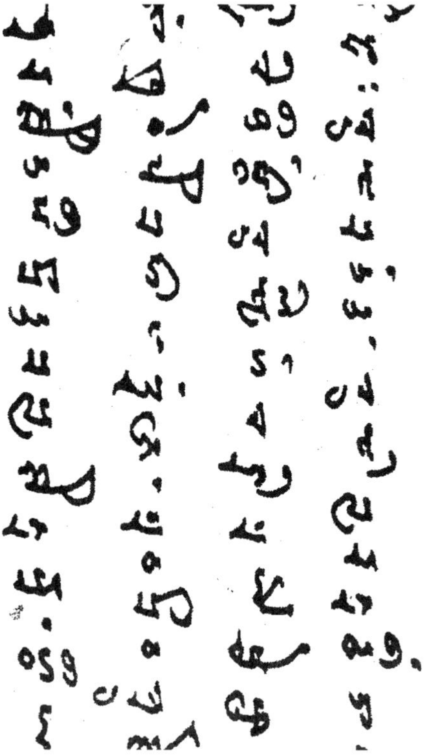

和阗文和北婆罗米文（引自 M. Vorobeva—Desyatovska, *Skazanie o Bxadre Nauka*, Moscow, 1965）

本书一直没有讨论中国的西域，因为塔里木盆地的那些小型 161
绿洲国家在世界历史舞台上发挥的作用无法与粟特人、巴克特里亚人和花剌子模人相比，后者能够通过贸易活动将三个拥有不同自然物产或人工产品的地区联系在一起，即中国、印度和北欧。当然，所有的中亚人群都与近东保持着贸易联系。[1]贵霜时期，粟特商人随着贸易站点的建立，不断扩大在东方的贸易活动。巴克特里亚与印度之间的贸易联系开始得更早，而花剌子模与西北部的贸易关系则是后来才发展起来。塔里木盆地各绿洲诸国的商人无论在贸易范围还是贸易数量上，都无法与粟特商人相比。先是经过中国汉朝的扩张，然后经过佛教的传播，外部势力才注意到库车、和阗等绿洲。

孔雀王朝最著名的君主阿育王时期，佛教传播到了中亚西部，并扎根于巴克特里亚。但粟特不同于其南方邻居，并未成为一个佛教中心。而塔里木盆地绿洲为佛教的传播提供了最肥沃的土壤。早在公元1世纪，佛教信徒就已经到达敦煌并进入中原。除了敦煌之外，库车与和阗都是当时著名的佛教学问中心。在这些地区，人们将俗语或梵语文献翻译成当地语言，但这是后来发生的事，尚待更多的研究。

但是，专门由印度祭司诵读的《吠陀》却没有翻译，因为经文深奥难懂，只有信奉者才理解。穆斯林的《古兰经》也是
162 如此。佛经的内容主要是在历史上佛陀解答今世遇到的问题，但不涉及天启的问题。因此，佛陀传递的是思想而非具体言行，这在古印度人知识中是口耳相传的。直到阿育王时代，人们才用各种俗语将佛陀的教诲记录下来，而梵语作为诗人和哲学家的书面语，在笈多王朝时期（Gupta，约 327—467）才占据主导地位。这对于去往中亚传教的佛教徒而言意味着什么呢？

最初宣传佛教的印度人，大多数人也可能是商人。他们在向中亚各族解释佛教教义时，经常需要一些辅助的佛经。这些佛经是用印度的俗语写成的，特别是用佉卢文字母拼写的“犍陀罗—俗语”，这种语言据说起源于犍陀罗地区，故而得名。事实上中亚发现的最早佛教残卷就是用俗语书写的，后来的佛经才用梵语书写。根据中文记载，第一个到中国的佛教徒是一位帕提亚王子，但并没有发现帕提亚语的佛经。也没有发现用贵霜帝国北部的官方语言——巴克特里亚语写的佛经。根据佛经记载，佛陀曾建议将他的思想翻译成各种方言后传播。显然佛教徒只关注了口头语的翻译，这种印度地区的传教习惯也被带到了中亚。但是中亚人群，至少是当地的宗教人士，他们的态度可能与西部的波斯邻居一样：只敬重佛经。此外，在中亚东部绿洲的人群如同印度人一样，重视口头传播的“圣”语佛经。佛教后来才转变成崇拜佛经的宗教，也许这一传统始于中亚，然后才传播到印度。

这种态度很好地反映在一首用古和阗语写的诗歌中。作者应

一位名叫赞巴斯塔（Zambasta）的官员的要求写了这首诗。[2]他说：“和阗人对于用和阗语写成的佛法一点也不重视。他们又理 163
解不了印度语版本。他们认为和阗语版本的佛法不是佛法。对内地人来说，汉文写的才算是佛法。”（Zambasta，第 23 章，第 4—5 页）最后一句话显示了中国人和印度人对佛经的不同态度；中国人习惯将印度原文翻译成汉文，但中亚人一直认为，僧侣应该研究原文并用口头语言向大众阐释，就像西方中世纪的拉丁文一样。可能在隋朝时期，特别是唐朝，中国的版图再次扩展到中亚时，绿洲当地人开始模仿汉人，将佛经翻译成和阗语、图木舒克（Tumshuqese）语、库车语（吐火罗乙），后来又翻译成回鹘语和其他语言。在基督教、摩尼教以及后来的伊斯兰教等世界性宗教的影响下，中亚人也开始将宗教经典翻译成自己的语言。

根据藏文文献中的传说和中国取经者的记载，阿育王时代的印度移民建立了和阗，这证明印度在很早的时期就影响着西域，但是否可以追溯到阿育王时代还不能确定。公元 1—2 世纪的“汉文—佉卢文”双语钱币上，和阗最初的名称为 Hvatana。和阗是小乘佛教的一大中心，但它没有成为周边的传教中心，因为和阗和周边地区的许多寺院都是本位自主性的，和阗语因而也从未成为传播信仰的工具。后来，大乘佛教开始在和阗和库车流行。以尉迟（Visya）为名的和阗王室存在了很多世纪，直到 11 世纪被穆斯林征服，这证明了这一段“丝绸之路”的统治的稳定性。和阗以玉石而闻名，而中原对玉石的需求量一直很大。

塔里木盆地北部的绿洲有来自天山的雪山融水，因此农业产

量比南部绿洲要高。这里冬冷夏热的气候适宜棉花、甜瓜和其他
164 喜温作物，农业的兴盛也促进了当地的繁荣。此外，很早在库车附近的山区里还发现了开采的银矿和硇砂矿。水源供应是人们常年面对的问题，吐鲁番绿洲的人们修建了从山上引来的坎儿井，以防水量蒸发。此外，与其他固定居住的绿洲有所不同的是，吐鲁番的居民不断更换居住地。由于树木稀少，当地人只得用泥土或土坯修建房屋，这里也看不到传统的石料建筑。

去往西方路之北要经过哈密、吐鲁番、焉耆（Karashahr）、库车、喀什，而后越过捷列克（Terek）山口到达费尔干纳河谷，沿途所有绿洲各国都因贸易而繁荣。但由于贸易竞争或其他原因，这些绿洲国家很少能够统一或协作，冲突不断是这一地区历史发展的特征。北方的游牧民族和东方的中原经常利用绿洲各国之间的矛盾来达到自己的目的。

汉朝威震西域，并在当地屯田驻守，这也是中原人向该地区移民的开始，先是在河西走廊，然后是向敦煌和更远的西部地区迁移。汉朝灭亡后，这些地区仍然与中原保持着联系，但直到隋唐时期，中原人才再次控制了这些绿洲，尽管在此之前，一些中原割据政权时常对西域的内部事务施加影响。对中原人来说，无论是平民还是士兵，在西域生活都很艰难，唐朝的诗人曾写诗表达当地驻军孤独艰苦的处境。

同时也正是在唐朝时期，中原对西域的影响力达到了高峰，涌入长安宫廷的外邦人十分喜爱唐朝的艺术和手工艺品。据中国正史记载，这些西域使节经常被视为来自“胡人之地”的朝贡

者，因为中原人认为自己生活在世界的中心，是世界上最先进的文化。这种态度古往今来存在了很长时间。

塔里木盆地的考古发现让人们对绿洲诸国的物质文化有了 165
深度的了解。东部绿洲文化要比西部绿洲文化更容易受到中原影响，例如喀什不是与敦煌，而是与撒马尔罕联系更紧密。但在所有绿洲中，喀什似乎受佛教的影响最小，因为那里的佛教遗迹很少。这可能是因为，喀什是伊斯兰化的喀剌汗朝人在公元10世纪末首先征服的绿洲，他们可能摧毁了大部分佛教的遗迹。但在那之前，从商业角度讲，喀什也曾被粟特商人征服过，他们并不热衷于佛教。事实上，我们所能看到的保存下来的粟特语佛教文献，大多翻译自汉文佛经，因为中原僧人后来成了中亚地区解释佛教教义的权威。塔里木盆地的绿洲上也存在景教和摩尼教的居住区，人们已经发现了用几种不同语言书写的景教和摩尼教文献，但佛教仍然是当地最主流的宗教，在11世纪是伊斯兰教的主要对手。

天山以北，除了农业条件优越的乌孙故地——伊犁河谷外，大部分地区最适合于畜牧业。如前所述，乌孙人可能就是西方史料中的阿兰人（即阿斯部，奄蔡），是萨尔马特联盟的一部分，也是奥塞梯人的祖先。遗憾的是，在伊犁河谷还没能展开大规模的考古调查，因此只能猜测该河谷的历史。由于匈奴人长期控制着伊犁地区，操阿尔泰语的游牧民族与生活在伊犁河谷的古代居民混杂在一起，阿尔泰语系的语言很快就取代了印欧语系的语言。这个富饶的山谷与邻近的阿尔泰山一起，成为许多游牧部落的权力中心，一直到阿瓦尔人（Avars）和突厥人于公元6世纪崛起，但这是中亚历史的下一阶段内容了。

注释

[1] 关于这一时期的中国西域的著述，参见 L. Hambis, *L' Asie Centrale*, Paris: Imprimerie nationale, 1977，该书附有详细的参考书目。

[2] R. E. Emmerick, *The Book of Zambasta*, Oxford, 1968.

第十二章

游牧者归来

突厥鲁尼文（引自 *Inscriptions de l'Orkhon*, Helsingfors, 1892）

公元4世纪，新的游牧民族登上了历史舞台，这次的主角是操阿尔泰语的游牧民。公元350年左右的中亚是怎样的呢？[1] 169

此时华北局势混乱，群雄争霸，许多小国都是长城以北的游牧民族首领统治的。中原在西域的影响力削弱，塔里木盆地的绿洲纷纷屈服于天山以北的游牧民族。新的游牧民族从东方来到了今天哈萨克斯坦的草原地带，他们是从蒙古高原西迁而来的第一批阿尔泰语游牧民族。就像之前中亚地区北部草原的所有游牧民族都被称为塞人或斯基泰人一样，新到来的游牧民族被统称为匈人。匈人是否就是汉代的匈奴，依然争议很大，但无疑匈奴的匈（Hun）这个字被继承了下来。总之，在公元350年，操阿尔泰语的游牧民族统治了新的游牧集团，这个游牧集团居住地幅员辽阔，南达萨珊王朝，西抵罗马帝国。

游牧民族从蒙古高原向西南方向的迁徙，呈现出草原入侵定居地区的两种显著模式。第一种可以称为“台球”模式（billiard-ball），即一支部落对周边部落发动了进攻，于是受到攻击的部落迁徙并进攻更远的部落，最后遭受攻击的部落就涌入定居地区。这种模型的案例是，阿契美尼德王朝建立之前，斯基泰人将西米里安人（Cimmerians）赶入安纳托利亚。另一个例子是，月氏人将塞人向南赶入了锡斯坦。我们认为这两个例子都属于第一种情况。

170 第二种模式可以称为渗透型（penetration），即穿过了其他部落。匈人对欧洲的入侵反映了这种模式，匈人可能发源于蒙古高原，在公元4世纪末横穿欧亚大陆进入匈牙利；还有一个例子是公元13世纪的蒙古西征。实际上在这两个例子中，被击败的部落或其残部都加入了征服部落领导的联盟，所以这两个例子并非完全穿透其他部落的情况。

大多数的草原游牧民族中似乎存在一个严格的部落等级结构，会有一个“统治家族”，或“克里斯玛式家族”，首领从这个家族中产生，其他部落必须承认该家族的权力并追随这位领袖。而其他部落则依靠血缘和语言来维系。这些部落在被领头部落击败后，要为该部落“统治家族”中的首领服务，或自愿，或被迫。这个新部落联盟通常会凭借武力来联合周边部落，最终征服定居人群，并将他们整合到草原帝国之中。通常来说，当初代首领死去之后，这个草原帝国或联盟也会分崩离析。如果接替初代首领的兄弟或子嗣实力强大，整个体系可能也会再延续一代。在草原上，兄终弟及的情况很常见，尤其是当首领的后代太年幼或太软弱而无法执政时，人们会遵从家族或部族中的年长者的命令。部落的名字也会变化，当一个特别强大的首领权力极大、威望很高的时候更会如此。比如嚈哒人（Hephthalites）就是这种情况，根据汉文史料记载，“嚈哒”即取自该部落最杰出首领的名字。

公元4世纪中叶，游牧部落从匈人传说中的故乡蒙古高原再
次迁徙。可以说，匈人的迁徙同时符合上述两种模式，他们在
横穿欧亚大陆进入欧洲中部的同时，也驱赶着其他人群。关于
阿提拉率领匈人联盟侵入欧洲，把东哥特人（Ostrogoths）和一 171
路上的其他人群逐走的话题，并非本书的重点。但我们可以认
为，同时也有很多部落进入了粟特、巴克特里亚和伊朗。很快出
现了一个问题。在很多资料中，入侵伊朗的游牧民族叫做匈尼特
人（Chionites），他们是否就是入侵欧洲的匈人？还是说有一小群
匈人在领导着整个大联盟，或者说他们与匈人本没有关系，只是
为了吓唬对手而打着匈人的名号？第二种说法更说得通，虽然只
是猜测。我们可以将这些入侵中亚的游牧部落视为最后一批说伊
朗语的游牧民，其中还混杂了阿尔泰语系的匈人。匈尼特一词与
Hun有关，可能是取了Hun一词的变体发音。[2]但匈尼特一词存
在问题，因为《阿维斯陀》中有一个同义词hyaona，这个词一定
比Hun一词出现得更早。此外，在托勒密的《地理学》（II.5.25）
中，提到过一个生活在俄罗斯南部的民族Hunoi。但这些明显与
Hun有关的发音变体，可能只是意味着早期存在类似的发音，并 172
不一定能与公元4世纪蒙古高原的匈人画上等号。

有人会将“大”贵霜王末期视为中亚地区城市衰落的时期。在这段时期内，乡村在发展，郊外建有城堡的大型庄园也在增多。中央的行政和权力似乎越来越多地转移到当地领主手上，在贵霜—萨珊人统治时期，这一过程仍在持续着，但游牧民族在其中扮演着什么角色尚不清楚。总之，此前“大”贵霜王统治下安

图 12.1　刻有萨珊君主像的公元 4 世纪陶罐残片，出土于塔吉克斯坦的雅万（Yavan）遗址

定祥和的景象消失了，取而代之的是一段时期的混乱。

此时贵霜帝国钱币的仿制品也层出不穷，但大多数都是贬值的金币，公元 260 年之后，又出现了萨珊银币，这种币制混乱的情况即便不是经济衰退造成的，也表明了当时经济的混乱局面。各种钱币的发行时间和流通范围都不确定，因此我们只能进行猜测。巴基斯坦是发现萨珊君主沙普尔二世钱币的最东地点，这表明萨珊人甚至可能在印度西北部的平原统治过一段时间。[3]但是萨珊银币因其银的纯度和保值性而闻名，这就会导致其流通范围超出萨珊王朝的政治疆域。例如，在中国新疆地区考古发掘出了萨珊钱币，但这并不能表明萨珊王朝统治过那里。

我们可以看到此时中亚存在三种可能的权力来源：直接或间接依靠贵霜—萨珊总督进行治理的萨珊帝国、地方领主、游牧首领。可能在一开始，游牧入侵者允许萨珊总督或地方领主以其部落首领的名义进行统治。甚至在这之前，游牧民族可能在萨珊军队中充当雇佣兵，就像罗马军队中的日耳曼人一样。我们可以从罗马历史学家阿米阿努斯・马塞利努斯（Ammianus Marcellinus, XIX）* 的记录中得出这个推论，他提到，匈尼特人的君主格伦巴特斯（Grumbates）曾在沙普尔二世围攻阿米达（Amida）的军中效力。

阿米阿努斯・马塞利努斯（XVI.9.4）写到，沙普尔二世在 173
公元 356 年忙于与匈尼特人和其他部落作战，但仅仅两年后，双

* 应指其著作《历史》（*Res Gestae*）。

方就在几经交锋后结成联盟。在一段时间内，巴克特里亚的贵霜—萨珊总督们可能将匈尼特人视为从事游牧的盟友，但后来就是后者终结了萨珊人在巴克特里亚的统治。如前所述，贵霜这一名号还在继续使用，打上这个标志的金币可能源自早期贵霜君主的后裔、地方领主抑或游牧首领，他们只是想获得这个名号所承载的声誉。

但萨珊人并没有轻易放弃对巴克特里亚的统治。从钱币上看，巴赫兰四世（388—399年在位）在成为萨珊王之前有可能是贵霜君主。但更有可能的是，匈尼特人才是东部地区真正的主人，他们仿制了萨珊的钱币。大约在此时期，有一个叫寄多罗（Kidara）的匈尼特人首领，虽然他的在位时期也不能确定，他在铸造的钱币上称自己为贵霜人的国王。在许多遗址中都出土了这种钱币，集中于印度西北部。由于这些钱币种类繁多，数量庞大，有人认为甚至可能存在过一个寄多罗王朝，这是说得通的。然而，各种资料中关于这一时期匈尼特人的部落名称更令人困惑，有“白匈”、“红匈”、Alkhon、Warz（滑）等名称，这些名称带动了相关词源、词义的研究，但没有任何定论。[4]如果没有文献资料，对于中亚地区在前伊斯兰时代的大量钱币，就很难整理出一条清晰的脉络来。

但在此后的公元5世纪，我们可以清楚知道，一些匈人部落从北部草原或西域出发，进入了巴克特里亚乃至印度平原，这也是他们的一次大规模迁徙。毫无疑问，操伊朗语的部落也加入了迁徙，因此在下一个世纪，阿尔泰语系的部落在草原上取代了伊朗语系的部落。此后，蒙古高原、阿尔泰山脉、伊犁河谷和欧亚大草原的历史就成为突厥和蒙古人的历史。但对包括中亚南部在内的各地而言，这是一个缺乏相关信息的黑暗时代。[5]

在粟特，我们只能依靠难以确定年代的本土钱币来重构历 174
史。在撒马尔罕地区，我们发现了一组钱币，正面是一个模糊的半身像和劣质的希腊铭文，背面是一个弓箭手。这些无法确定发行于哪个统治者时期的钱币持续发行了几个世纪。在布哈拉绿洲还发现了另一种钱币，起初印有希腊名“胡尔科德斯”（Hyrkodes）的字样，但很快就难以辨认，之后成了无字钱币。银币的纯度似乎在不断下降（贬值？），直到发生了一次币制改革，粟特地区出现了一套按萨珊银币的新标准，仿制巴赫兰四世风格的钱币。而在布哈拉仿制的是巴赫兰五世时期发行的钱币。这反映了萨珊在中亚地区的声誉和影响力，但萨珊在中亚的具体统治范围并不清楚。[6]

只有一份亚美尼亚语史料提到了一位萨珊王，可能是沙普尔三世或者巴赫兰四世，他在与巴里黑的贵霜统治者作战时被打败了。当时巴里黑的统治者应该是匈尼特人，但一些亚美尼亚资料却说，这一时期的贵霜王有安息（帕提亚）血统。可以推测的是，一些帕提亚王子为了躲避萨珊人，逃到了匈尼特人那里并娶妻生子，但没有其他史料可以佐证这则信息。

不出意外，新的游牧民族和他们的前辈一样，来到了温暖富饶的印度平原，并在那里建立了王国。不仅有寄多罗人，还有匈尼特人，诸如阿瓦尔人、Alkhon等其他部落，很难在时间和空间上界定这些进入印度地区的游牧民族的范围和部落身份。但在公元 5 世纪中叶后，随着一批入侵者从东方而来并准备在此定居，出现了一个新的名字——嚈哒人。

中国几个朝代的史书——《梁书》《北齐书》《隋书》《旧唐书》以及后来的《新唐书》，都记载说嚈哒人是大月氏的后代，
175 最初被称为滑（Hua，古音 *War），后来采用了一个首领的名字，遂名嚈哒。大约在公元 460 年，嚈哒人从西域游牧到中亚。由于当时中国人对西部边塞的了解依赖于二手资料，因此我们只能推测嚈哒人是操阿尔泰语的民族。他们来自阿尔泰—蒙古地区，穿越中亚，最终入侵印度。几乎没有任何关于嚈哒人的早期历史记录，虽然“匈尼特”这个名字仍然存在，但“嚈哒”一名出现得更普遍。

蒙古高原和塔里木盆地的情况早在匈奴西迁后就已发生了变化。公元 4 世纪末，柔然（蠕蠕，Jouan-jouan）成为中国北部和西北部最强大的势力，但它只在汉文文献中有记录，而且似乎只是一个代称，并非真名。公元 5 世纪初，柔然将统治范围扩展到塔里木盆地的绿洲诸国，有可能嚈哒人迫于柔然的压力而西迁。

一种有可能的推测认为，西迁中亚的嚈哒人推翻了他们的前朝——自称贵霜的寄多罗王朝。寄多罗人可能是中亚当地人群与匈人或匈尼特人混居的后裔。当然，他们大部分人还是说波斯语。

大约在公元 5 世纪中期，嚈哒人取代粟特人成为当地的统治者，但这一时期嚈哒人、寄多罗人和萨珊人之间的军事和政

治关系仍不清楚。拜占庭学者普里斯科斯（Priskos，CLIII.28）*曾提到Koungas统治下的寄多罗匈人，Koungas似乎是寄多罗人在巴克特里亚的最后一位君主，或是最后几位君主之一。我们可以假设，寄多罗人要么是输给了嚈哒人，要么是离开了巴克特里亚，投奔了在印度地区的同胞，但时间不会在公元5世纪之前。
由于没有文字材料，钱币所能提供的线索也很乱，寄多罗人在印 176
度西北部的统治范围只能依靠猜测。总之，参照波斯方面的材料，巴赫兰五世时期（420—438）时才出现与嚈哒人发生冲突的相关记载。虽然误差现象在当时很常见，但如果这一记载属实，我们可以将这一时期视为嚈哒人在粟特和其他东部地区的统治的开始。

有几个迹象表明巴赫兰五世曾征服了中亚大片土地，虽然时间短暂。首先，布哈拉的钱币在很长一段时间内被称为布哈拉—胡达特（Bukhar-Khudat），外观上看是仿制巴赫兰五世时期发行的萨珊钱币。另一个是晚期伊斯兰史家拜哈吉（Baihaqi）的记载，可能摘自比鲁尼记录的花剌子模历史，其中讲述了巴赫兰五世（外号"野驴"）统治花剌子模的情况。根据阿拉伯的史料记载，巴赫兰五世在梅尔夫绿洲东部的Kushmaihan附近击败了嚈哒人，之后他渡过阿姆河，进入了布哈拉绿洲。从出土钱币判断，巴赫兰五世可能还统治过巴克特里亚，也可能是巴克特里亚的寄多罗人成为萨珊王朝的附庸。从巴赫兰五世时代起，萨珊人和东

---

* 应指其著作《拜占庭史》（*History of Byzantium*）。

方游牧民族之间的冲突一直持续到公元7世纪阿拉伯人的到来，这期间是中亚的游牧民族统治时期。

关于嚈哒人的社会情况有几个有趣的特点。一个是他们以一妻多夫制而闻名，至少当他们还在西域时，统治者是这样的。另一个是头骨变形的形象。第一个特点在中国的史料中有所记载，在很多案例中，都是两兄弟共妻，而吐蕃人中也有这种现象。关于头骨变形的形象，可以参见钱币和银器上的图案，嚈哒人通过捆绑的方式让婴儿的头骨变长，但这并非嚈哒人所特有，因为贵霜人，特别是阿兰人中也存在类似的现象。[7]他们这种改变头形的做法可能是为了将入侵的游牧民族统治者与其征服的农耕民族区分开来。据拜占庭史料记载，嚈哒人皮肤白皙，他们的身形特点与入侵罗马帝国的匈人不同。于是就出现了一种言论，认为
177 嚈哒人实际上是巴达赫尚的山民，他们只是打着匈人的名号，为的是在面对敌人时更有威慑力。[8]毋庸置疑，在嚈哒人统治的地区，中亚当地人发挥了重要作用，但当时的中亚地区也极有可能存在匈人的活动。

根据中国史料记载，嚈哒人控制着西域的绿洲诸国，但似乎直到公元5世纪中期的某个时候，他们才从粟特南下入侵巴克特里亚。巴赫兰五世的继任者伊嗣埃二世时期（439—457），萨珊人在东部地区进行战争，但对手究竟是寄多罗人还是嚈哒人，或二者都有，尚不清楚。然而在伊嗣埃二世的继任者霍尔木兹三世时期（457—459），萨珊王朝的主要敌人只剩下嚈哒人，他们占据着巴克特里亚，以及阿姆河和锡尔河之间的河中地区。

很明显，嚈哒人与阿提拉指挥下入侵欧洲的匈人不同，因为后者是将其他游牧民族聚集到自己的联盟之中，而嚈哒人则依靠粟特和巴克特里亚的农耕民族来治理帝国。在嚈哒人的统治下，巴克特里亚的文字和语言仍然在使用，贸易和商业也像以前一样繁荣。在嚈哒人统治下的商人们远赴中国、蒙古高原和印度，不断进行香料和丝绸贸易。

然而当嚈哒人（在印度史料中被称为 Huna）入侵印度时，他们大肆破坏、掠夺佛教寺院和定居区域。454 年，Huna 的一个部落被笈多王朝的统治者塞建陀笈多（Skandagupta）击败，这次入侵虽然受挫，但 Huna 没有因为这次失败而停止入侵。[9] 可见这些进攻印度的 Huna 有可能并不是嚈哒人，而是在嚈哒人之前进入中亚的游牧民族。我们从钱币上可以发现统治印度的晚期“Huna”统治者的名字，其中最著名的两个是 Toramana 和 Mihrakula，他们的统治时期是在公元 6 世纪上半叶。这两个统治者可能来自嚈哒，或者与嚈哒人有一定关联。

同时，人们在印度西北部和兴都库什山南部也发现了其他嚈哒统治者的痕迹。在公元 557 年之后不久，萨珊王朝和突厥人 178
约定，向嚈哒人共同发起攻击，他们获胜后瓜分了嚈哒人的领土，而在兴都库什山南部出土的带有 Khingila、Narendra 和其他嚈哒统治者名字的钱币证明，嚈哒人在北方同胞们失败后，在南部依然延续着统治。基于钱币上的信息，学者亚诺什·哈尔玛塔推断出了从公元 5 世纪中叶到公元 565 年左右兴都库什山以北的嚈哒统治者的王统序列（名字都以 -o 结尾，也可读作 -a）:

Adomano、Khingila、Alkhano I（也可能是一个统治者，或部落的名称）、Zabolo、Meo、Alkhano II，最后是 Aldano。上述这段基于钱币所作出的推断没有被公开发表，其中不包含在阿拉伯或波斯史料中发现的名字，如 Akhshunvar（或 -dar，也许是一个称号）、Barmudha、Khushnavaz，或拜占庭历史学家弥南德（Menander）记载的 Katulphos。如果没有更多信息，任何对嚈哒统治者顺序的推断都是主观臆测，因此我们应该把目光转向发生在萨珊王朝和嚈哒人之间的重要历史事件上。

萨珊王伊嗣埃二世（439—457 年在位）曾与嚈哒人发生战争，他的继任者卑路斯（459—484 年在位）在与兄弟霍尔木兹三世的王位继承斗争中曾向嚈哒人寻求援助。但卑路斯在登上王位后，发动了对嚈哒人的进攻，大约在公元 469 年兵败被俘。卑路斯在答应缴纳贡赋后被释放，并留下了他的儿子居和多（Kavad）作为人质，直到付清贡赋为止。公元 484 年，卑路斯在与嚈哒人的战斗中丧生。中亚的考古发掘者发现了许多卑路斯时代的钱币，背面却印着嚈哒人的标志，这证明萨珊人向嚈哒人支付了大量的贡赋。卑路斯的弟弟巴拉斯（Balash 或 Valash）在位时继续缴纳贡赋，但他只统治了 4 年就被萨珊贵族废黜，后者扶持居和多一世登上了王位。

居和多一世第一次在位时（488—496）与嚈哒人保持着良好的关系，当他的统治被推翻后，就逃往嚈哒人处避难。在嚈哒人的帮助下，特别是在一位在拜占庭史料中被称作卡迪什或卡迪森尼（Kadish 或 Kadiseni）的部落的帮助下，居和多一世重新登上王位。居和多一世在其整个统治时期一直在向嚈哒人纳贡。然而随着他的儿子库思老一世（Chosroes I）成为萨珊王，情况发生了变化，新的游牧民族突厥人进入了河中地区，波斯人和突厥人最终联手打败了嚈哒人。 179

公元552年，生活在阿尔泰山脉地区的突厥人攻灭其主柔然汗国。很快突厥人就将自己的势力延伸到蒙古高原及其西部草原，建立起一个庞大的汗国。之后，突厥的室点密可汗（Ishtemi）发兵南下攻打嚈哒人。萨珊人也与突厥人配合，瓜分了嚈哒人的领地，突厥人统治阿姆河以北的土地，以南的土地则归波斯人。但这并不意味着嚈哒人被完全打败了，因为嚈哒人的许多地方统治者在承认萨珊王朝或突厥人的宗主地位后，继续维持了自身的地位。事实上，嚈哒人仍然在反抗着入侵者，也有所斩获。霍尔木兹四世统治末期（579—590），一位著名的波斯将军巴赫兰·处宾（Bahram Chobin）在赫拉特附近击败了一支突厥—嚈哒人的联军。后来他叛变弑君，当了一小段时间的君主。他失败后逃到嚈哒人那里避难，后来被杀。库思老二世时期（591—628），萨珊人的注意力转移到拜占庭帝国，东部地区大体上保持了和平。

突厥人也没有忽视外部交往，他们在公元563年就与君士坦丁堡建立了联系。那时，室点密可汗只是突厥汗国西部的一位首领，而与拜占庭建立联系的是木杆可汗（Silziboulos）。双方交涉的一个重要方面是阿瓦尔人，阿瓦尔人也是一个游牧民族，之前臣服于柔然，后来可能投奔了嚈哒人，在受到突厥进攻后向西逃亡。拜占庭历史学家弥南德在《希腊史》中（fragment 18-23 M），详细描述了公元 568 年从君士坦丁堡派往突厥人的使团及其返回
180 的情况。这次以及之后双方使团往来的一个商业目的就是，了解如何绕过萨珊波斯将丝绸卖往拜占庭。

由于蒙古高原出土了布古特（Bugut）碑，人们得以了解突厥可汗的王统顺序。[10] 汗国的建立者大汗是土门可汗（Bumin），之后是土门可汗的二儿子木杆可汗（Muhan，553—572 年在位），木杆可汗去世后，其弟他钵可汗（Taspar，572—581 年在位）继任。他钵可汗死后，汗位继承出现了争议，随后沙钵略可汗（Nivar，581—587 年在位）继位。沙钵略可汗此时面临汗国西部阿波（Apa）可汗的叛乱，阿波可汗建立起西突厥汗国，但并没能统治很久。之后在一个不确定的时间里，一位仅出现在汉文史料中的统叶护可汗（T'ung，619—630 年在位）统一了塔里木盆地、费尔干纳和西部其他土地，并在公元 630 年被杀。于是，西突厥汗国解体，各部首领割据一方。* 直到阿拉伯人到来、唐朝进军中亚地区之前，当地都是如此。

那么在公元 7 世纪末阿拉伯人和中国人再次到来之前，中亚地区的情况如何呢？与早期相比又发生了什么变化呢？从蒙古高原到西部草原，大批游牧部落西迁，突厥人吸收了许多部落，并将其统治范围延伸到塔里木盆地和整个河中地区。一些突厥首领

---

* 这里东西突厥汗国的王统世系不全，有些表述不够准确，读者可参考国内学者所著突厥史。

的势力甚至深入到了如今阿富汗的山区，但西突厥的统治范围还没有抵达阿姆河南北两侧的巴克特里亚。学界认为，西突厥势力范围的最南端就是希萨尔山的“铁门”。然而在希萨尔山脉以南也发现有一些突厥人和其他游牧民族的痕迹。

渐渐的，“突厥人”这一称谓取代了“匈人”和“嚈哒人”，因此我们很难说某个统治者究竟是突厥人还是其他人。总的来说，突厥人统治下的当地定居人口仍然说波斯语。此外，由于粟特定居点扩展到了楚河和伊犁河流域，粟特人在中国和蒙古高原的贸易站点也在增多，粟特文化对突厥人产生了巨大的影响。而 181
在巴克特里亚，粟特文化与萨珊文化交相辉映，两者都吸收了本土的贵霜传统。花剌子模人与粟特人团结在一起，商人们的影响向西北延伸到伏尔加河流域以及更远的地方。我们可以说，此时出现了一种鲜明的中亚文明，主要是粟特式的，在巴克特里亚和西域的绿洲也有其他的表现形式。这种文化该如何定义？我们将在第十三章中讨论。

注释

[1] 关于这一时期的游牧民族活动，参见塞诺《剑桥早期内亚史》。关于突厥人活动的东部区域，参见 L. Hambis, *L'Asie Centrale* 中的参考书目，特别是该地区的考古探险报告。F. Altheim, *Geschichte der Hunnen*, Berlin: De Gruyter, 1959-1962 五卷本包含大量信息，但必须谨慎地使用。以及 R. Ghirshman, *Les Chionites-Hephtalites, Mémoires de la Délégation Française en Afghanistan* 13, Cairo: Ulnstitut Frangais d'ArchEologie Orientale, 1948。

[2] 关于“Hun”这个名字的多种形式，参见 H. W. Bailey, “Hararahuna,” in *Asiatica, Festschrift Friedrich Weller*, Leipzig: Harrasowitz, 1954, pp.12-21。

[3] 对于这一时期中亚的钱币，参见 D. W. MacDowall, “The Monetary Systems and

Currency of Central Asia" in J. Harmatta ed., *Prolegomena to the Sources on the History of pre-Islamic Central Asia*, Budapest: Akademiai Kiado,1979, pp.307−317。关于贵霜—萨珊，参见 J. Cribb, "Numismatic Evidence for Kushano-Sasanian Chronology," *Studia Iranica* 19 (1990), pp.151−193。

[4] 参见 Alkhon cf. R. Göbl, *Dokumente*，第 2 卷索引。关于 war 和 warz，参见 W. Haussig, *Theophylakts Exkurs über die Sky-thischen Völker*, Byzantion 33, Brussels, 1954。

[5] 作为中亚古代史专家工作的一个田野体验是，我在博物馆注意到 Opal 一个细节，Opal 被认为是《突厥语大辞典》(*Divan Lughat al-Turk*) 的作者穆罕默德·喀什噶里（Mahmud al-Kashgari）的出生地。我注意到一个统治者的头上有一个不寻常的头饰，它刻在一个大陶罐的封口上，这与苏对沙那统治者钱币上的头饰相同（参见 O. Smirnova, *Svodnyi Katalog Sogdiiskikh Monet*, bronza, Moscow: Nauka, 1981, p.334）。由于这两件器物都来自同一时期（6 世纪末或 7 世纪初），因此二者来源可能是一样的，或者 Opal 和苏对沙那的统治者之间存在家族关系。还有一个问题是，这种头饰代表的是嚈哒人（最有可能），还是突厥人?

[6] E. Zeimal 和 E. Rtveladze 研究了中亚的铸币。参见 Rtveladze, *Drevnie Monety Srednei Azii*, Tashkent: Izdatel'stvo literatury i iskusstva imena Gafura Gulyama, 1987。

[7] 关于头骨变形，参见《古代伊朗史》，第 350 页；F. Altheim, *Geschichte der Hunnen*, Vol.1, p.77，以及 R. Göbl, *Dokumente*, vol. 2, pp.232−246。关于一妻多夫制，参见 R. Ghirshman, *Les Chionites-Hephtalites*, pp.125−128。

[8] K. Enoki, "On the Nationality of the Ephthalites," *Memoirs of the Research Department of the Toyo Bunko*, 18, Tokyo, 1959, pp.1−58，此文支持巴达赫尚的起源说。关于争议，参见 L. N. Gumilev, "Eftality-Gortsy ili Stepyanki?" (Hephthalite mountaineers or steppe people?), in *Vestnik Drevnei Istorii* 3, Moscow, 1967, p.91。

[9] 关于入侵印度的匈人，参见 A. Biswas, *The Political History of the Hunas in India*, Delhi: Munshiram Manoharlal, 1973, 243。

[10] 关于布古特碑上的铭文，参见 S. Klyashtorny and V. A. Livshits, "The Sogdian Inscription of Bugut Revised," *Acta Orientalia Hungarica* 26 (1972), pp.69−102。

第十三章

粟特人的商业世界

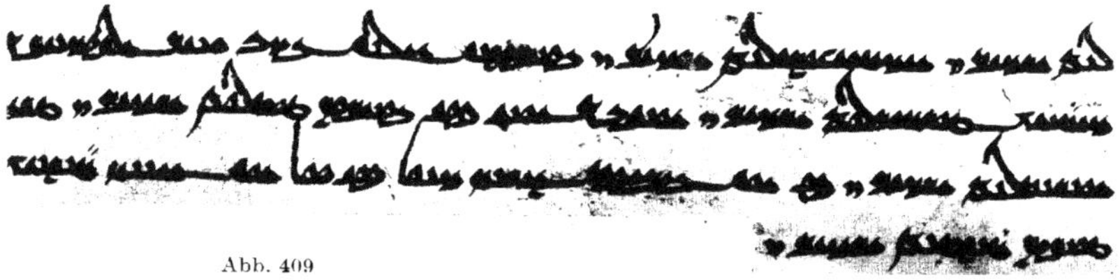

Abb. 409

粟特文（引自 Hans Jensen, *Die Schrift*）

在公元7世纪的中亚，粟特以贸易和手工业生产为主，巴克特里亚则以农业生产为主，这和今天塔吉克斯坦南农北牧的格局十分相似。粟特和花剌子模的城市化程度也比巴克特里亚高，巴克特里亚在城堡（kushk）的数量上更像波斯的萨珊王朝，村庄都聚集在这些城堡周围。因此，这一时期的中亚文明可以说是封建社会和商业社会结合的产物。 185

人们可以说贵霜帝国，但不能说粟特帝国，因为后者从未在中亚建立过一个集中的大规模政权。有人认为粟特的政治组织类似于古希腊的城邦，这说得通。但同时也不能忽视城堡中的贵族们的权力和影响。萨珊王朝时期的封建领主垄断了土地和司法权，商人并不受到重视。而在中亚地区，所谓的商人和手艺人行会的寡头，在权力、影响力，当然还有财富层面，都与封建地主相差无几。片治肯特、撒马尔罕和其他一些地方的商人住在装饰着壁画的大宅子里，生活总体上比小城市居民富足得多。

根据汉文史料记载，由于粟特人的主要外部市场和奢侈品来源地都是中国，粟特和西部的其他地区很早就不断派遣使团去往中国，但在公元600年之后，使团数量远超从前。对于中亚人而言，这些使团大多是贸易代表团，前文还提到了在长城西端的烽

186–187 燧里发现的粟特“古信札”，可以追溯到大约公元311年。那时，粟特人的贸易区域分布得很广、很远，甚至中国内地也存在。而粟特人交易的货物有哪些呢？[1]

根据中国的小说，粟特人主要贩卖各种宝石，而和阗是重要的玉石来源地。在与中国的贸易中，珍珠和其他珍贵石材经常出现。但除了宝石、香料、象牙和金银制品外，对于那些买得起的主顾们来说，奴隶也是重要商品。中国宫廷对撒马尔罕、库车和西域其他地方的乐人和舞者的需求量很大，当然，他们也从游牧民那里购买马匹。虽然中国的纺织业主要生产丝绸，但其他布匹和羊毛服饰也从中亚运到了中国。中国的财富吸引了远方的商人，但贸易并不是单向的。只要有人愿意出高价，各种珍禽异兽、奇花异果还有其他东西，都可以交易。人们在中亚的市场上交易产自俄罗斯北部和波罗的海的琥珀、毛皮和蜂蜜等，不仅会将其运到富裕的定居地区，也会献给当地的贵族。在公元600年时，国际贸易已全面展开。凭借极佳的位置，粟特商人从贸易规模的扩大中获利。

当地流通的大量铜钱反映了当时繁荣的经济状况，因为银币和更稀有的金币都是按照其金属重量计算价值的，而铜币则是发挥着与现代货币一样的作用。我们在粟特找到了许多这一时期的钱币。我们欣喜地发现，河中几个地区的钱币仿制了中国钱币的样式，中间有一个方孔，但在钱币上刻的是粟特文。这些铜钱在当地是否像中国钱币一样流通，我们还不确定。但中国在所有地区都统一采用铜钱，这些铜钱的价值得到了朝廷的肯定，成为唯一的官方货币。而萨珊银币除了几次短暂的人为贬值以外，其纯度在王朝统治期间一直保持不变，人们在中国控制的所有中亚地区将萨珊银币都兑换成了法定的铜钱。这意味着，当外国商人来到吐鲁番时，他们必须将手中的银币兑换成当地铜钱，因为只有使用这些铜钱才可以在集市上交易。人们可能按重量将萨珊银币换成等值的当地铜钱。 188

在库思老一世统治初期，萨珊王朝与南阿拉伯、印度和远东地区的贸易开始扩大。萨珊统治者很快就意识到，在贸易中，特别是在对外贸易时保持高币值的好处。[2] 在不受中国控制的中亚西部绿洲国家，如布哈拉和撒马尔罕，当地的银币经常贬值，无法像萨珊王朝的钱币一样流通。关于中亚的钱币，详见本书附录。

中亚在宗教方面也与萨珊王朝不同，在公元600年左右，中亚的基督教在皈依方面取得了重大进展，而国教琐罗亚斯德教因为繁琐的宗教仪式而遭到冷落。当然，萨珊王朝那种集权且等级森严的教会在中亚并不存在，中亚地区普遍实行宗教宽容政策，许多其他宗教与本土的琐罗亚斯德教并存。如果要做个比较，中亚此时的宗教情况就像君士坦丁大帝之前的晚期罗马帝国那样。在这两个案例中，除了有人信奉基督教、犹太教和摩尼教等世界性宗教外，还有很多人信仰当地的神。当地居民会特别崇拜某些地方的守护神，如在中亚的有些地区，民间对当地统治者的崇拜几近于国家崇拜，类似于罗马人对诸多皇帝的崇拜。从壁画上的文字和图案可以看出，当时中亚的精神领域中既有琐罗亚斯德教的因素，也有其他宗教的特点。

189 在本书中，我们把萨珊的琐罗亚斯德教的各种特征，以及其教徒的各种特征，作为该宗教的范式。而中亚地区的情况有所出入。宗教节日、仪式和对祖先灵魂的崇拜（fravashis）在伊朗和中亚都很常见。通过在中亚地区的考古发掘，人们发现了许多包含非琐罗亚斯德教元素的泥塑或木雕。它们有着不同的风格，体现了不同的雕刻艺术流派，而且雕刻的形象也不完全与佛教相关。很多雕像都有明显的女性特征，也许它们与古代的女神崇拜有某种关系。在伊朗还没有发现这类属于民间信仰的物品，它们在中亚宗教信仰中的意义也不清楚。

中亚和伊朗的另一个区别是装饰繁复的骨瓮的广泛使用，这种骨瓮在中亚各地都有发现，但在伊朗就少得多，上面也没有什么装饰。中亚的一些地区甚至可能存在与骨瓮崇拜有关的节日。骨瓮上的许多艺术表现形式，无论是雕刻、绘画还是壁画，都呈现出异于琐罗亚斯德教的特点。例如，在片治肯特发现的骨瓮上描绘了一位拥有四只手臂的女神，这反映出印度艺术的影响，而其他一些形象，如骑在狮子上的娜娜女神，同样不属于伊朗琐罗亚斯德教。印度的塞人统治者发行的钱币上也出现了娜娜女神的形象，例如贵霜钱币上的阿泽斯（Azes），在中亚也会以各种形
190 象出现。与之相反，在萨珊王朝末期，偶像崇拜主宰了琐罗亚斯德教，但即便如此，我们也不能认定萨珊王朝统治下的波斯人都严格遵守着琐罗亚斯德教的教规。遗憾的是，还没有发现这一时期的伊朗壁画遗址，其他宗教艺术的形象也还无法确定。

中亚似乎还流行一种哀悼死者的仪式，哀悼者要用刀子剺

图 13.1　公元 6—7 世纪的粟特土制骨瓮，藏于冬宫博物馆

面，这不禁让人想起伊朗什叶派的阿舒拉（Ashura）节仪式。但根据记载，匈奴王阿提拉和其他游牧首领的葬礼上也有同样的环节，所以中亚的剺面行为可能来自游牧民族。后者遵循萨满教的仪式，在定居后也保持类似的信仰，他们的做法可能影响了当地的定居人口。同样，在壁画上，祭拜者面对火祭坛时通常跪坐在脚后跟上，这个坐姿就像古代波斯人一样。而这种姿势在伊朗的琐罗亚斯德教中并不存在。有趣的是，碑文中发现的古波斯语baga（神）一词，在中亚地区也出现了，而到了萨珊时代，这个词已经被yazata或yazd取代。这种差异的意义很难说清楚，但至少可以说明，中亚的琐罗亚斯德教与萨珊时期的琐罗亚斯德教大不相同。

从片治肯特发现的许多房屋壁画来看，每个家庭都有自己的守护神。同样，河流、山川、古树和其他自然景观要么有各自特殊的神灵，要么是神灵居住的地方，但这种民间信仰形式在许多地方都有。此外，粟特也有粟特基督徒，大多是聂斯脱里派，还有摩尼教信徒，佛教在粟特的影响力显然无法与其在巴克特里亚和中亚其他地区的影响力相比。中国高僧玄奘来过中亚，他在记载中称撒马尔罕与粟特其他地方的佛寺很少。考古学家们也证实了这一点，在古代粟特地区没有发现具有佛教特色的“窣堵波”
191（浮屠塔，stupas）和寺院遗址。这一现象背后的政治原因无从可考，也许只是因为佛教不能吸引务实、积极进取的粟特商人。

尽管佛教在本土的粟特人中并不流行，但从主要由汉文佛经翻译为粟特语的佛经来看，粟特人在中亚东部的贸易根据地确实接受了佛教。对于这种与本土的明显差异，有两种解释。第一，粟特人可能通过资助将佛经翻译成粟特语的活动，来取悦那些信佛的汉人或其他主顾，而他们自己并没有传播佛教的意愿。第二，如果他们已经皈依佛门，并希望通过译经来积攒功德，那么他们只能在中国找到当时（公元7世纪及以后）最好的、最完整的佛经版本，因为中国的高僧们早就将佛经全面地翻译成汉文了。很有可能，当人们要将佛经翻译成粟特语时，吐火罗语、和阗语甚至梵语版本的佛经都不完整或有缺陷，只有中国才有权威的翻译。但无论如何，出现粟特语佛经译本并不能表明粟特本土以及中亚东部商贸点的粟特人大规模皈依了佛教，因为基督教和摩尼教的宗教著作也被翻译成了粟特语。此外，这些佛经译本的年代很晚，在公元7世纪之后。总之，正如前文所说，粟特人仍然坚持着他们自己的宗教习俗和信仰，这与伊朗的琐罗亚斯德教徒不同。

中亚的民间传说也与伊朗存在差异。伊朗的民间传说中有许多与统治者有关的故事，如库思老和希林（Shirin）的故事，或巴赫兰五世的功绩。中亚主要有几种故事，最著名的是讲述鲁斯塔姆（Rustam）及其功绩的塞人史诗。无论鲁斯塔姆的事迹是否抄袭自希腊的赫拉克勒斯（Heracles），塞人的许多故事都被费尔多西（Firdosi）收入11世纪的《列王纪》中。这些塞人的故事在近东地区得以传播，也许很大程度上要归功于帕提亚的吟游诗人。 192

另一部重要的史诗主要关于粟特人的英雄西雅瓦什（Siyavush）。在伊斯兰教传入之前，布哈拉的人们通过歌曲和故事纪念他的牺牲。[3]所有这些内容汇集在一起，可称为一部全伊朗民族的史诗，其中最著名的就是费尔多西的《列王纪》，但还有其他的著作没有流传下来。神话、民间传说、宗教和历史等元素都可以在这部全伊朗民族的史诗中找到。[4]我们这里只对比了伊朗的民间故事与中亚的民间故事和史诗。我们会发现，即便单从民间故事来看，中亚也不能算作萨珊波斯的一部分。

艺术是中亚社会最辉煌的一面，很多遗址一直保留到现在，特别是中亚东部的绿洲遗址。中亚艺术的总体特征是世俗化，不同于侧重宗教题材的印度艺术和侧重帝国统治的萨珊艺术。从壁画中可以看出，中亚艺术主要反映史诗故事、贵族气派，当然也有神灵形象。瓦拉赫沙（Varakhsha）、撒马尔罕、片治肯特、克孜尔、柏孜柯里克、敦煌等地的壁画中，贵族们身穿的华丽服饰，可与中世纪欧洲骑士和贵妇们的丝绒绸缎相媲美。我们惊奇地发现，此时的中亚就像是北欧，中亚的贸易城市与骑士的庄园不相上下。虽然我在此将中亚东部和西部的艺术放在一起讨论，例如片治肯特和库车的艺术，但这并不意味着双方没有差异，而是说明两地艺术呈现出相同的社会形态。

193 许多学者对阿拉伯征服前几个世纪的中亚艺术各流派进行了研究。正如人们预想的那样，研究显示，中亚西部遗址中的艺术风格带有萨珊王朝的图案和影响，而中亚东部的艺术品反映出中国式的图案和影响。我认为，此时的中亚文明并不是附属于萨珊文明或者中国文明的一部分，而是独立自在的，艺术作品充分证明了这一点。但在此无法过多讨论中亚艺术的话题，这一方面已经有了许多研究。[5]

现在我们回归世俗话题，这要比精神领域的话题更受中亚商人关注。中亚在社会结构、土地所有权等方面与伊朗有何不同呢？两个社会最显著的差异在于，波斯的社会结构和宫廷官职或行政部门的职位是混杂在一起的，而中亚的社会结构则更为简化。萨珊王朝由“万王之王”的宫廷实行集权统治，有划分社会等级，接近印度的种姓制度。根据古代宗教原则，社会分为三个等级：贵族、宗教人员以及由工匠和农民组成的平民阶层。贵族被进一步区分为地方王公或统治者（shahrdaran）、王室成员（vaspuhrakan）、大封建主（wuzurgan）和下层贵族（azatan）。大封建主是显赫家族的首领，拥有大量土地，如苏伦（Suren）家族和卡伦（Karen）家族，而下层贵族则由骑士或史料中所说的德赫干（dihqan）组成。由于行政、官僚和军队，如将领和文职官员，在社会阶层中的地位不固定，萨珊王朝的社会情况变得进一步复杂。通常情况下，高级职位由贵族成员担任，但有时候官职的品阶也会变得混乱，尽管礼制在当时非常重要。在萨珊王朝末期，出现了第四个阶层——文官阶层，其被认为是社会的重要部分。当时的许多资料中都提到了萨珊王朝这种几乎僵化的社会结构。

我们从穆格山出土的粟特文书中了解到，中亚的社会状况要 194
简单得多。[6]首先，布哈拉或撒马尔罕等城邦的统治者并没有像萨珊王那样的至尊地位。相反，当地的统治者只是当地贵族的“首席代表”，贵族并不像波斯那样划分等级。粟特地区的社会分为三个阶层：贵族（“ztk’r）、商人（γ w’kr）以及工人或平民

图 13.2　公元 7 世纪的烧焦木板，出土于片治肯特，绘有英雄与怪物搏斗的场景

（k'rykr）。出身贵族的地方统治者在不同的地区有不同的头衔，如苏对沙那的阿夫申（Afshin）、撒马尔罕的伊赫希德（Ikhshid） 195 等。可以明显注意到，中亚地区不存在宗教机构，而萨珊的宗教机构则存在等级制度，分为首席穆护（mobad）、低级穆护、赫巴德（herbad）、拉德（rad，一种司法职务）等，* 与世俗职位有某种平行关系。当然，中亚也有琐罗亚斯德教的祭司，但由于没有国教的官方身份，中亚琐罗亚斯德教的祭司与基督教或摩尼教的宗教领袖在地位上几乎没有什么区别。

波斯的商业法和家庭法与中亚相似。根据中亚的婚约和伊朗的中古波斯文书中的相关记载，可以看到这两个地方都实行一夫多妻制，一个男子可以娶一位妻子和数位妾。奴隶制在两地也广泛存在，而且两地都不承认奴隶是社会成员的一部分。大多数奴隶是买来的家奴，战俘也可以被卖为奴隶。尽管确实存在奴隶耕作土地的现象，但总的来说奴隶的耕种效率远不如自由劳动者，后者人数最多。此外，农民主要属于村社，但不像中世纪欧洲的农奴那样被土地束缚住。由于中亚附近游牧民族的存在，还有许多城镇，加上没有一个中央集权制的帝国或王国，佃农可以有机会逃脱高额赋税，但实际上很少有农民会离开村庄。还应注意的是，波斯或中亚的地主和农民之间不存在明确的，像中世纪欧洲封建主和农奴之间那样严格的自上而下的等级关系。此外，在中

---

* 中国唐代的祆教管理机构为萨宝（也称萨甫）府，官分为萨宝、祆正、祆祝、率府、府史等，自四品至七品不等，由波斯人或西域各地的信徒担任。

亚和波斯的各阶级成员之间，除了经济，再无其他方面的义务或往来。

在中亚，特别是粟特，还存在一种独特的制度——沙基尔（chakar），在中亚语境中可译为奴隶或马穆鲁克（mameluke），但后一种称呼在现代波斯语中的含义只是“仆人”。我认为，后来的
196 很多制度，如奥斯曼帝国的加尼沙里（Janissaries）和埃及的马穆鲁克，都起源于中亚的这种习俗，即商人买来奴隶并加以训练，当商人远赴中国和其他地方经商时，这些奴隶承担保卫家园的职能。于是这些奴隶很快发展成为富商或地主的私人军队，听命于他们的主人。这种做法在伊斯兰时代传播到阿拔斯王朝哈里发宫廷和萨曼王朝布哈拉宫廷中，并被伽兹尼王朝（Ghaznavids）和后来的王朝所继承。

在中亚，如果土地没有水，那么就毫无价值可言。这就需要灌溉，也就意味着需要地方组织和村落首领。从理论上说，波斯的所有土地都属于统治者，也就是国家的，君主可以将土地分配给任何他宠信的人，而中亚的情况并非如此。实际上，无论是在中亚还是波斯，任何有资源的人都可以买卖土地和村落。波斯农民被迫接受徭役，他们一天的劳作成果应该分为三部分，一部分交给统治者或地主，另一部分用于维护和购买种子，以及满足农民生活的需要等，而第三部分则交给村庄。但我们仍不清楚每一部分的分配比例。税收的缴纳单位不是个人而是整个村庄，税收以实物交付，因为货币似乎主要在有市场的城镇中使用。而在中亚地区，由于缺乏文献材料，关于地方基层的情况还不清楚，但

似乎与波斯相似。

早在前伊斯兰时代，中亚城镇就已经有了集市，有许多后来伊斯兰时代的特征，包括商队客栈、集市仓库以及工匠们自产自销、陈列商品的商店。无论是当地销售还是远距离贸易，贸易伙伴关系都已形成，这带动了中亚经济的蓬勃发展。有些城镇因特产而闻名。例如，布哈拉绿洲中的赞丹纳镇（Zandana）以其发达的纺织业而闻名，到了伊斯兰时代仍享有盛誉。那里生产的衣服精美异常，这一点可以从片治肯特、撒马尔罕和瓦拉赫沙的壁画
上得到证实。同时应该注意的是，经济的繁荣并不只局限于几个 197
大的中心城镇，小城镇和村庄也因贸易而获益。同时粟特商人善于与游牧民族打交道，他们在商业上的成功得益于与统治草原甚至是统治自己绿洲的政治势力合作。习惯于向农耕民族索取贡品的游牧民族发现，在跨区域贸易中利用粟特商人作为中间人，对他们更有利。而游牧民族并不担心会被粟特人统治，双方一拍即合，但中国商人会遭受怀疑，因为他们的君主有政治抱负。因此，可以说在中亚，中国商人考虑的是政治，而粟特商人考虑的是经济。

简而言之，这就是中亚人的文明。在公元600年左右，粟特人的影响与日俱增，粟特语已经成为整个中亚地区的通用语言。各个绿洲城邦蓬勃发展，即使在游牧统治时期也是如此。此外，它们逐渐放弃彼此间的竞争，转而开始贸易合作。

但随着一股新力量的到来，一切都发生了变化。它不仅改变了波斯和中亚，还改变了亚洲和非洲的大部分地区。这是上述地

区有史以来经历的最大动荡，其超过了希腊化，甚至超过了如今的西方化。这就是伊斯兰教的传播，它在阿拉伯人中孕育而生，被他们征服的人群往往全身心地选择皈依。伊斯兰教带来的，不仅仅是一种宗教形式，更是一种新的生活方式和一个全新的社会。它即将开始。

注释

[1] 关于贸易的代表性研究，参见 B. Laufer, *Sino Iranica*, Chicago: Field Museum, 1919，以及 E. Schfer, *The Golden Peaches of Samarkand*, Berkeley: Univ. of California Press, 1963。

[2] R. Frye, "Sasanian-Central Asian Trade Relations," *Bulletin of the Asia Institute* 7 (1993), pp.73-77.

[3] 关于西雅瓦什，参见 G. Azarpay, *Sogdian Painting*, Berkeley: Univ. of California Press, 1981, pp.128-132。

[4] 关于伊朗史诗，参见 O. Davidson, *Poet and Hero in the Persian Book of Kings*, Ithaca: Cornell Univ. Press, 1994。

[5] 关于中亚的艺术，参见 Azarpay, *Sogdian Painting*，以及 Galina Pugachenkova 的许多著作，如 *Ocherki Iskusstva Srednei Azii*, Moscow: Isskustvo, 1982。

[6] 穆格山发现的资料已在名为 *Sogdiiskie Dokumenty s gory Mug* 的系列作品中出版。由 V. A. Livshits 编写的第二卷，主要关于司法资料和信件（Moscow, 1962）；由 O. Smirnova 和 M. Bogolyubov 编写的第三卷，主要关于经济资料（Moscow, 1962）。同样重要的还有 O. Smirnova, *Ocherki iz istorii Sogda*, Moscow: Nauka, 1970。

第十四章

哈里发与可汗

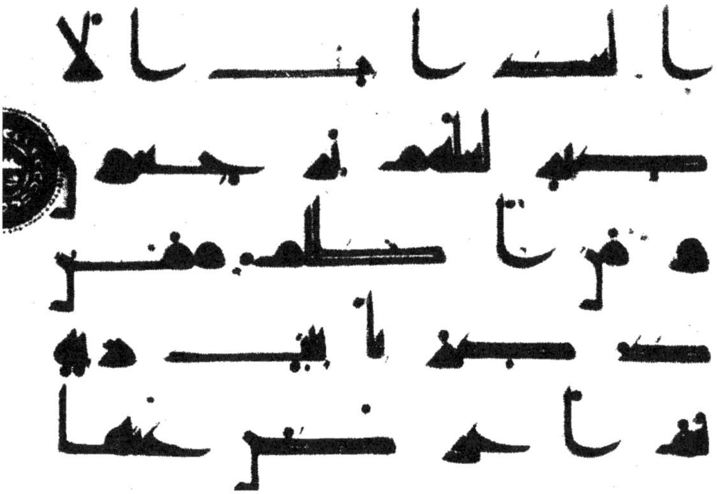

阿拉伯文（引自 Hans Jensen, *Die Schrift*）

关于前伊斯兰时代中亚历史的文献资料很匮乏。在仅有的资料中，大部分也是宗教方面的。但到了伊斯兰时代，大量的史料涌现出来。[1]历史学也发生了变化。对于伊斯兰教之前的历史，历史研究者竭力从只言片语或一件艺术品中抠出信息，解读也带有很强的主观色彩。而对于伊斯兰教到来之后的历史，历史学的任务变为对同一段历史事件的不同记述进行比较，并有理有据地判断哪一种更可信。钱币学在年代学、艺术史和宗教领域的重要地位逐渐丧失，降格为一种用来确定君主对某些地区确切的统治时间的工具。在确定社会文化的特征方面，艺术品的作用也不像从前那么重要。简而言之，中亚史研究的整个方法都发生了变化，这就是为什么很少有学者敢于跨越古代历史和伊斯兰历史之间的鸿沟。他们采用的是一种类似于世界宗教信徒的研究模式，认为真正的历史开始于他们研究的时期。然而，穆斯林作者笔下的蒙昧时代与伊斯兰教时代之间的这种巨大变化并不是一夜之间发生的。面对阿拉伯人和他们的宗教，中亚前伊斯兰时代的文明作出了怎样的回应呢？ 201

有人说是狂热者创造了历史，但很多时候他们也是第一批为自己的狂热而献身的人。这可能是穆斯林的真实写照，因为他们

迅速推翻了萨珊王朝，并摧毁了拜占庭帝国大部分地区的统治，
给欧洲留下了深刻印象。这种印象在十字军东征时期得到加强，
即阿拉伯人从沙漠中来，一手持《古兰经》，一手持剑，这个动
作的意思是让人选择皈依或死亡。但其实，这与事实相去甚远，
因为起初伊斯兰教被认为是只属于阿拉伯人的宗教，或者是麦
202 瓦利人的宗教。当贝都因部落皈依伊斯兰教，并打败了萨珊和拜
占庭的军队时，他们就像在阿拉伯通常所做的那样，让战败者作
为麦瓦利加入部落。如果后者都同意加入，贝都因人会经常邀请
对方皈依伊斯兰教。另外在阿拉伯，战争胜利的结果是分配战利
品，所以至少对各个部落来说，伊斯兰教的对外征服是发家致富
的伟大征程。因此，穆斯林军队向对手或被围困的城镇真正传递
的信息是“要么纳贡，要么战斗”。伊朗和中亚都曾长期向游牧
民族纳贡，这一次，他们在大多数情况下，也像对待此前来自亚
洲深处的游牧入侵者一样，选择向阿拉伯人纳贡，尽管这些新的
入侵者来自西南方。

但在初步接触后，阿拉伯人从单纯的劫掠者变成了征服者，他们打算占领所征服的这片富庶之地。阿拉伯人成功的原因有很多，但是新兴的伊斯兰教的力量居功甚伟，不应低估。在阿拉伯人征服伊朗后，伊斯兰教已经慢慢开始从阿拉伯人的宗教演变为世界性宗教。阿拉伯人就像基督教徒和摩尼教徒一样，既想要坚持自己宗教的排他性，又想使之成为普遍性宗教，他们在这两个选择中摇摆不定。有时，特别是在倭马亚王朝时期，他们禁止后来的皈依者入教，因为成为穆斯林可以免交人头税，甚至在某些

情况下免交土地税，而国家收入总是优先于宗教需求的。在中国和包括伊朗在内的近东地区，遍观伊斯兰教以前的整个历史，国家或统治者通常比宗教领袖更有权势。在中亚绿洲国家，统治者经常参拜某个宗教的圣人，这种尊崇可能源于佛教或游牧民族的萨满教，但这是另一个话题。

中亚人起初以为，阿拉伯人与过去的游牧入侵者并无二致。游牧民族会凭借武力完成征服，受到遵从，接受纳贡，然后转向 203
定居，再被同化吸收。阿拉伯人的早期劫掠似乎确实与过去的匈人和突厥人没什么区别。但阿拉伯军队在一些方面有所不同，第一，贝都因部落在沙漠生活中形成的坚忍特性甚至超过北方草原游牧民族。第二，他们在征服萨珊王朝后，将萨珊训练有素的职业士兵都编入军队。这些萨珊士兵中有多少人加入了阿拉伯部落，我们不清楚，但资料显示在阿拉伯人征服伊拉克和伊朗的战争中，有一些萨珊军队在帝国崩溃后加入了阿拉伯人。这意味着阿拉伯军队不仅包括经验丰富的骑兵，还包括熟悉攻城术的工程师。第三，也是最重要的一点，阿拉伯人不仅带来了一种新的宗教，而且传递着一种打破阶级、实现社会平等、打造穆斯林团结大家庭（ummah，乌玛）的社会信号。虽然在分配战利品时，一些部落首领有时会忽略要分给麦瓦利平等的份额，这引起了人们的不满，甚至冲突，但总的来说，阿拉伯人承认麦瓦利是部落成员，他们和贝都因人一样在战斗中表现出色，应得到奖励。非阿拉伯人皈依伊斯兰教后，会被赋予阿拉伯的名字，随后人们就认为其成为阿拉伯人。非阿拉伯人在皈依伊斯兰教后变得比阿拉伯人更积极的情况经常发生。

在征服伊朗的过程中，阿拉伯军队中的麦瓦利越来越多，他们沿着当年亚历山大的进军路线前进，这也是通往东方的主要商路。沙漠并没能阻碍阿拉伯人，甚至可能吸引着他们，这就解释了为什么位于卡维尔沙漠边缘的库姆（Qum）会有阿拉伯人定居，并成为进一步扩张的根据地。阿拉伯人到达梅尔夫所花的时间比亚历山大到达中亚所花的时间还要长，因为他们并没有一个意志坚定的领袖引领。正如亚历山大担心最后一位阿契美尼德王朝君主可能会进行抵抗一样，阿拉伯人也担心最后一位萨珊王朝君主伊嗣埃三世会叛乱。651年，当伊嗣埃三世被梅尔夫的一个
204 磨坊主杀死后，萨珊王朝彻底灭亡了，一个新势力统治了中亚。

作为先知穆罕默德的继承者，哈里发取代了万王之王，成为庞大帝国的君主。但哈里发统治的帝国与以前的帝国不同，因为早期的哈里发并没有庞大的官僚机构来管理新征服的土地。他们不得不依靠以前的行政机构和官僚机构来征税和维持秩序。旧政权向新政权转变的过程中肯定有一段混乱期，但有证据表明这一时期的地方层面几乎没有什么变化。伊朗的宗教祭司和整个国家的高层都遭到了清除，但在此之下的各种基本结构仍然存在，特别是在村庄和一些阿拉伯人并没有进入的地区，如阿塞拜疆和法尔斯。阿拉伯人也同样忽视了里海省份、中部沙漠地区和俾路支斯坦。但是阿拉伯人非常重视经俾路支斯坦通往东方的贸易路线，他们驻军把守，并建设营地。

穆斯林军队与中亚的第一次接触发生在第一代哈里发时期，

阿拉伯人袭击了巴克特里亚。阿拉伯人称这片地区为吐火罗斯坦，这一名称源于定居当地的贵霜部落。即使阿拉伯人可能已经到达巴里黑，当时也还没有占领萨珊王朝广袤的东部省份：呼罗珊省。

虽然阿拉伯人在公元656年左右与梅尔夫号称“边疆总督”（marzban）的当地统治者玛胡耶（Mahoye）签订了条约，但并无证据表明阿拉伯人当时已经在绿洲定居，尽管可能确实存在这种情况。直到倭马亚王朝在大马士革建立后，长年不断的袭击才变成永久占领。梅尔夫曾是萨珊王朝统筹东部地区防御和进攻的基地，此时它也成为阿拉伯人的基地。梅尔夫的地位就相当于美索不达米亚的巴士拉（Basra）和库法（Kufa），这两个地方是倭马亚王朝东部地区的两个中心，派往东部的军队都是从这里出发的。然而，梅尔夫与巴士拉和库法不同。巴士拉和库法是新建的根据地，只是为了永久安置穆斯林阿拉伯战士，而非当地人口。
但在梅尔夫，阿拉伯人融入当地居民，这有助于推行同化。阿拉 205
伯人在呼罗珊实施同化的时间要比在伊拉克和伊朗更早，程度也更深。

贯穿整个倭马亚王朝，阿拉伯部落是东部地区主要的军事力量。阿拉伯人定居于梅尔夫，依然遵循着部落世系。而在倭马亚王朝的首都大马士革，统治者试图让特派官员集中管理税收以及支付给部落士兵的军饷，这两项财政权在过去都属于部落头人。但哈里发的这一举措只取得了部分成功，因为头人们经常篡夺了这些职务。部落定居于梅尔夫以及呼罗珊其他地区后，彼此之间古老的争端依然延续，部落战事在倭马亚王朝统治时期一直没有停歇。但当为了战利品而继续对外征战时，部落还是会团结一致。然而事实证明，无论对于阿拉伯人还是亚历山大来说，中亚都是一块难啃的硬骨头。如果阿拉伯人一直不把中亚当作战利品和压榨税收的来源，也许征服中亚的进程会更快。结果是，中亚一直到阿拔斯王朝建立后，才成为伊斯兰世界的一个重要部分。呼罗珊的总督们为伊拉克的哈里发所任命的总督效力，他们是进攻河外地区的指挥官。

公元673年，呼罗珊总督乌拜都拉·伊本·济雅德（Ubaidallah ibn Ziyad）率领阿拉伯军队，第一次渡过阿姆河（阿拉伯人称之为 Jaihun），进入布哈拉绿洲。尽管他的父亲可能在劫掠阿姆河西岸时曾经进入过绿洲。阿拉伯人对粟特的第一次入侵很成功，乌拜都拉夺得了许多战利品和奴隶。在前往巴士拉的路上，他让战俘作为他的贴身护卫。传说当时布哈拉的统治者是一位女性，她在文献资料中有着“可敦”（Khatun）的头衔。围绕她与阿拉伯长官乌拜都拉的关系，有很多故事。布哈拉可能有一位女王，但我们不确定她的统治时间和政治举措，当地传说可能夸大了她的影响。

206 哈里发奥斯曼的儿子赛德（Said）是下一任呼罗珊总督，他也袭击了布哈拉和撒马尔罕。他的部队随后袭击了渴石和铁尔梅兹（Termez）。在返回阿拉伯时，他将粟特奴隶带去了麦地那，这些奴隶们在那里反叛并杀死了他。倭马亚第一任哈里发穆阿维叶（Mu’awiya）去世后，阿拉伯人暂停了对中亚的袭击。直到伊本·祖拜尔（Ibn Zubair）的叛乱渐息以及阿里之子侯赛因（Husain）去世，穆阿维叶的儿子和继任者叶齐德（Yazid）成为哈里发之后，阿拉伯军队才继续攻打粟特地区。681年，叶齐德任命萨尔姆·伊本·济雅德（Salm ibn Ziyad）为呼罗珊总督。济雅德不仅攻打了粟特地区，还在撒马尔罕扎营过冬。此前的阿拉伯人在进攻之后会退守梅尔夫过冬。粟特人当然也没闲着，他们与阿拉伯人交战，有时还得到突厥游牧民族的帮助，但他们通常不是阿拉伯军队的对手。

穆斯林军队取得胜利的一个重要原因是中亚各城邦之间缺乏合作，这些城邦的统治者有时会与阿拉伯人单独媾和，甚至加入阿拉伯人一方。粟特地区的内斗反映了不同集团政策的摇摆和变化，商人们寻求稳定与和平，但土地贵族则更加好战。虽然商人之间可能会进行合作，但商人集团并没能占领导地位，反对阿拉伯人入侵的活动往往是由土地贵族来领导。此外，除了中亚当地的突厥部落，西突厥汗国（kaghanate）也是抵御阿拉伯人入侵的重要力量。

蒙古高原和草原上的突厥汗国一直有双王制的传统，但统治者的继承是单传的，从王到副王，而不是像印度边境地区塞人和帕提亚统治者那样按照兄终弟及的顺序。东西突厥汗国（亦即左、右）关于权力和统治范围的划分有一套等级制度，每个可汗之下都有一个相应的叶护（yabghu）和一个设（shad），但这些等级的具体含义并不清楚。由于这个原因，中国和阿拉伯的史料在记载是哪位突厥统治者与阿拉伯人作战时，都出现了混乱。各个 207

突厥部落命运的变化也让我们更加无法辨识，是哪些突厥部落帮助粟特人抵抗阿拉伯人，又是哪些突厥部落与阿拉伯人结盟。

公元7世纪末，东西突厥汗国都受到中国人的牵制，只有鄂尔浑河附近的几个突厥部落得以喘息并形成一方新势力，但他们在粟特人需要帮助时却无法伸出援手。然而，随着新的突厥国家建立，这种情况也发生了改变。但即使在那时，一些突厥部落包括突骑施人（Türgesh）和葛逻禄人（Karluk），也依然没有屈从于鄂尔浑流域的突厥人，后者得名于神秘的突厥碑文的出现地。

粟特人此时并不需要外界的帮助，因为哈里发叶齐德在公元683年去世后，阿拉伯人爆发了叛乱，部落战争让他们在呼罗珊的地位变得岌岌可危。阿拉伯人称为“河的另一边”的河外地区，虽然处于呼罗珊总督的管辖之下，但通常被认为是边疆地区，主要作用就是提供劫掠的场所。倭马亚王朝境内的叛乱使中亚地区在几十年内再没有受到阿拉伯人的袭击。

呼罗珊和河中地区并不是阿拉伯人在东方唯一的战场，因为征服锡斯坦，打通向南通往印度的通道也是东部扩张的任务。此外，锡斯坦地区还存在伊斯兰教教派哈瓦利吉人（Kharijite），他们拒不承认倭马亚哈里发的权威，并给倭马亚军队带来了很多麻烦。可以说，锡斯坦就是阿拉伯军队的南部战线，对手是兴都库什山脉以南的山区邦国。布斯特城（Bost）作为阿拉伯人在南部的作战基地，起到类似于梅尔夫在呼罗珊的作用。但在我们回到中亚之前，可以先简单回顾一下发生在倭马亚王朝首都大马士革的几件大事，这些事件对中亚地区产生了重要影响。

公元 683 年，哈里发叶齐德去世后，倭马亚王朝矛盾重重。因为叶齐德的幼子在几个月后就夭折了，于是部落间烽火四起。南北阿拉伯部落、盖斯人（Qays）和凯勒卜人（Kalb）以及其他 208
部落之间复杂的联盟和敌对状态，都不是我们关注的话题。但要补充一句，叙利亚和伊拉克诸多部落之间的血海深仇在呼罗珊地区也有反映。公元 684 年，倭马亚家族的旁系领袖麦尔旺（Marwan）挫败了盖斯部落的篡权计划，从而确立自己为哈里发。但他只活了不到一年，于是他的儿子阿卜杜勒·麦利克（Abd al-Malik）继承了哈里发之位。面对各地的起义，加上与拜占庭的战争，新哈里发在很多年都没有精力关注过呼罗珊。在阿卜杜勒·麦利克的统治下，为了行政目的，阿拉伯语取代了中古波斯语和希腊语（在哈里发统治的东部和西部地区）。阿拉伯人还铸造了新钱币，不再采用旧的萨珊和拜占庭图饰，而以用表示虔诚的阿拉伯文代替。然而，这些改革在呼罗珊地区推进得很慢。麦利克哈里发统治末期，大部分地区都恢复了和平，于是他将注意力转向了东部。麦利克在世时没能来得及在东方实施新政策，但他已经为新政策的实施奠定了基础。

公元 705 年，麦利克的弟弟瓦利德（Walid）继承了哈里发之位。因为那时哈里发统治的对象已经变成了帝国，而不再是部落组织。呼罗珊的局势在麦利克去世之前就已经稳定下来，瓦利德延续了兄长的进取政策。此前在呼罗珊反对哈里发麦利克的叛乱者之一是阿卜杜拉·伊本·哈齐姆（Abdallah ibn Khazim），他是割据一方的部落领袖。哈齐姆最终被倭马亚军队杀死，但他曾派自己的儿子穆萨（Musa）占领铁尔梅兹，后者在倭马亚军队和当地军队的攻击下坚守了15年。然而，呼罗珊的混乱局面随后发生了改变，因为手段强硬的哈查只·伊本·优素福（Hajjaj ibn Yusuf）被任命为伊拉克总督或副王，东部省区也受其管辖。哈查只得到允许，几乎可以在整个东部地区放手大干。他任命精力充沛的阿兹德（Azd）部落首领穆哈拉布（Muhallab）恢复呼罗珊的地区秩序，穆拉哈布完成了这项任务。穆拉哈布把他的许多部族带到中亚，其中一些人是著名的织工，后来这些织工在与当地纺织工人的合作中起到重要作用。公元702年穆哈拉布去世后，
209 他的儿子叶济德继承了他的位置，并突袭了布塔姆（Buttam），但他无法将穆萨赶出铁尔梅兹。哈查只在公元704年将叶济德免职，并任命叶济德的兄弟穆法达尔（Mufaddal）为呼罗珊总督。穆法达尔击败了穆萨，并在铁尔梅兹将他处死，但穆法达尔没能继续担任呼罗珊总督，哈查只心中已经另有人选。同年年底，屈底波·伊本·穆斯林（Qutaiba ibn Muslim）被任命为呼罗珊长官。如果倭马亚王朝需要一项新的政策将中亚纳入帝国，那么屈底波就是执行这项政策的代理人。

屈底波出身于阿拉伯的小部落，没有加入呼罗珊的盖斯、阿兹德、塔米姆（Tamim）等部落派系，这使得他可以团结阿拉伯人，继续向中亚地区发动远征。抵抗阿拉伯统治的两个中心，分别是吐火罗斯坦（古代巴克特里亚）和粟特地区，屈底波首先对巴里黑采取了行动。他的新政策是吸纳当地战士加入军队，软

硬兼施地说服了当地居民接受阿拉伯的统治。不久阿拉伯人重新统治了吐火罗斯坦，屈底波在各城市长期驻军，并征召当地上层人士加入。其中就有巴德吉斯（Badghis）的嚈哒王子尼扎克（Nezak），他随屈底波远征河中地区。尼扎克实际上是一个家族或部落的名字，早期以及后来的统治者都将之作为称号。

第二年，即公元706年，屈底波占领了布哈拉绿洲的重镇沛肯（Paikand），但当他离开沛肯返回梅尔夫时，沛肯发生了叛乱，屈底波随即返回洗劫了该城，屠杀了城中的男性人口，并将妇女和儿童卖为奴隶。他想借此传递一个信息，即任何反抗阿拉伯统治的行为只会换来迅速而严厉的惩罚。次年，屈底波回到了布哈拉绿洲，但由于战损过多而没能攻下布哈拉城。公元709年，他成功占领了布哈拉，阿拉伯人得以进入。屈底波依然让可敦（Khatun）之子图格沙达（Tughshada）担任布哈拉的领主，这是当时一贯的做法。撒马尔罕的统治者达干（Tarkhun，突昏）与屈底波讲和，向他进贡并送去人质。然而，这导致达干被起义的民众推翻，起义领袖乌勒伽（Ghurak）杀死了达干并取而代之。然而在屈底波对撒马尔罕进行干预之前，他的目光转向了吐火罗斯坦。 210

尼扎克离开屈底波后，煽动吐火罗斯坦的各地小王组成联盟，对抗阿拉伯人。公元710年，屈底波向着向尼扎克的盟友们进军，后者的军队很快就四散瓦解了。尼扎克得到赦免的承诺后，向阿拉伯人投降。但随后，哈查只下令将他处死。屈底波加强了阿拉伯人对吐火罗斯坦南部的控制。然后他越过阿姆河，征服了吐火罗斯坦北部的一些小国。之后，他率军通过“铁门”，

图 14.1　前往阿甫拉西雅卜的巴克特里亚使者壁画，绘于公元 7 世纪的撒马尔罕（引自 L. I. Albaum, *Zhivopis' Afrasiyaba*, Tashkent, 1975, p.49）

迫使渴石和那色波（Nasaf）臣服，随即前往布哈拉。屈底波在布 211
哈拉支持图格沙达成为绿洲的统治者，并处决了一些反对者。

屈底波不仅在所征服的城市中长期驻军，还修建清真寺，并招募当地士兵加入军队，这些都是新政策的关键。由于屈底波在中亚地区功勋彪炳，便被从呼罗珊调去协助锡斯坦的阿拉伯军队与阿富汗南部的地方首领尊比尔（Zunbil）作战。经过一番战斗，后者投降，屈底波才获准重回呼罗珊。花剌子模君主请求屈底波帮助他恢复被叛军夺走的王位。公元 712 年，屈底波帮助花剌子模君主重登王位，并杀死了反对者。但花剌子模再一次发生叛乱，屈底波便回师摧毁了叛军，并扶持此前丧命的花剌子模君主之子即位，派一名阿拉伯长官在他身边监护。11 世纪的花剌子模学者比鲁尼（al-Biruni）写道：屈底波杀死了所有有识之士并毁坏他们的著作，破坏了当地古老的文化。任何反抗阿拉伯人统治的人都会重蹈沛肯和花剌子模的覆辙。

屈底波随后开始对付停止纳贡的撒马尔罕。经过多次小规模冲突和围城战，乌勒伽选择投降。屈底波让一支强大的阿拉伯军队进驻撒马尔罕，将这里作为继续进攻柘支、苦盏和费尔干纳的作战基地。乌勒伽和阿拉伯人讲和，没有遭到极刑，但我们并不清楚他在撒马尔罕的统治情况。屈底波战无不胜，捷报频传。但在公元 714 年，屈底波正身处柘支的一场战役时，听闻他的幕后支持者哈查只已去世，于是他回到了梅尔夫。之后他得到再次任命，回到了费尔干纳。公元 715 年，瓦利德哈里发去世的消息传到了费尔干纳。屈底波得知继位的是哈里发的兄弟苏莱曼，后者

也是屈底波的敌人。苏莱曼立刻收回了屈底波的军权，这导致屈底波起兵反抗。但最终，屈底波的阿拉伯军队和他组建的地方军
212 都抛弃了他。屈底波被杀后，他的头颅被送到了苏莱曼那里，这标志着阿拉伯人在中亚地区多年征服活动的结束。

屈底波的传说一直层出不穷，甚至说他已经征服了喀什噶尔。可能有一些阿拉伯人作为雇佣兵参与了中亚地方统治者之间的争斗，但倭马亚王朝并没有直接干预。

当屈底波在中亚战功赫赫时，哈查只的另一位得力部将穆罕默德·伊本·卡西姆（Muhammad ibn al-Qasim）确立了阿拉伯人对锡斯坦东南地区，包括信德和木尔坦（Multan）的控制，他在那里获得了很多战利品。但卡西姆也被哈里发苏莱曼褫夺了军权，于是这个方向的阿拉伯远征军也就撤走了。阿拉伯人在锡斯坦东南地区也采取了调和当地居民与阿拉伯驻军的政策，但此时无论是在东南地区还是在呼罗珊，阿拉伯军队都遭到抵抗。

公元717年，哈里发苏莱曼去世。他的表弟、虔诚的欧麦尔二世（Umar II）继任，于公元717年至公元720年在位。欧麦尔二世制定了新的皈依政策，并竭力调和阿拉伯人与反对穆斯林特权的麦瓦利之间的矛盾，以及阿拉伯人和非阿拉伯人之间的矛盾。欧麦尔二世宣布所有人都是平等的，从此以后，任何穆斯林都不用支付土地税或人头税，但土地属于集体，任何穆斯林都不应购买已经征过税的土地。但这项政策在执行时打了折扣，欧麦尔二世去世后，政府和许多新皈依的穆斯林都出现了问题，特别是阿拉伯人重新恢复了屈底波时期的严厉政策。只有恩威并施才

能让河外地区的地方统治者保持忠心，但此时已经没有屈底波一样的人来领导阿拉伯人了。另一方面，布哈拉之于河外地区，就像巴里黑之于吐火罗斯坦，仍然是当地的权力中心。阿拉伯军队同时也驻扎在撒马尔罕和其他城市。然而，农村仍然是由当地势力控制的。当地王公的地位依然保留，但他们受到阿拉伯收税官的监视，这些收税官有时也是军事长官。尽管如此，阿拉伯人在 213
中亚的统治还是很不稳定。

为了对抗阿拉伯人，粟特的统治者们向唐朝和突厥人求援，但遭到拒绝，于是许多粟特人在公元 721 年逃往费尔干纳。但阿拉伯人紧随其后，镇压并处决了很多人。之后，突骑施人开始援助粟特人。尽管他们无法攻克城墙环绕的城市，但经过数年，突骑施人已经控制了农村地区。从公元 728 年到公元 738 年的十年间，突骑施人似乎已经要把阿拉伯人赶出河外地区，但突骑施人首领的去世改变了这种局面。同时，突骑施人的对手，呼罗珊总督阿萨德·伊本·阿卜杜拉（Asad ibn Abdallah）也去世了，取而代之的是呼罗珊的最后一位倭马亚总督纳斯尔·伊本·色雅尔（Nasr ibn Sayyar），他主张与当地贵族和解。尽管阿拉伯人的政策一直在武力镇压与和解之间摇摆，但后一种政策开始占据上风。越来越多的当地人意识到阿拉伯人是要在这里定居的，许多当地人也变成了穆斯林。当屈底波在布哈拉建造清真寺时，他奖赏了每一位于星期五前来礼拜的当地人。当然，商人们也看到了归顺阿拉伯人并效忠那位遥远的哈里发所带来的好处。倭马亚王朝拉拢或打压当地的大地主，在当地征税，若是有可能爆发叛乱，便减免税收。

之后，倭马亚王朝在呼罗珊的统治开始经历了一系列阿拉伯人与麦瓦利联合发动的叛乱，这表明情况发生了变化，人们现在应该用穆斯林一词来代替阿拉伯人。公元 739 年，纳斯尔大赦麦瓦利和粟特地主，并进行税收改革，因而从中获利。被赦免的人支持了纳斯尔对柘支和费尔干纳的远征。逃到费尔干纳的难民也被允许回到粟特的家园，总的来说，纳斯尔很受当地人欢迎。粟特的商人们甚至为远征提供贷款，期望从丰富的战利品中得到回报。

214 纳斯尔和之前的屈底波一样，不属于呼罗珊地区任何一个强大的阿拉伯部落。事实证明，这一点虽然对屈底波有利，但对现在的纳斯尔来说是很致命的弱点，因为他没有像哈查只那样的强硬后台。最后并不是当地人或麦瓦利推翻了纳斯尔和倭马亚在中亚的统治，反而恰恰是呼罗珊的阿拉伯部落。

倭马亚王朝的统治结束后，中亚西部对伊斯兰教的强烈抵抗也结束了。此时，中国唐朝在中亚地区的威名也基本终结，其最后的标志是公元 751 年 7 月的怛罗斯之战。* 阿布・穆斯林（Abu Muslim）的副官济雅德・伊本・萨利赫（Ziyad ibn Salih）先后打败了纳斯尔和倭马亚王朝的军队，接着镇压了布哈拉的叛乱，又在怛罗斯附近向唐朝和突厥人的联军发动了进攻。柘支的统治者入侵了费尔干纳，费尔干纳的国王向唐朝求援，而柘支则与阿

* 此战并未动摇唐朝在西域的经略根基，唐朝的收缩更多可能是因为安史之乱等内部因素。

拉伯人结盟。突厥人主要是葛逻禄人，他们在中亚的这片地区取代了突骑施人。在怛罗斯之战中，葛逻禄人背叛了唐军，使之失利。许多唐军俘虏被带到撒马尔罕，据说造纸业就是在这时传到中亚的。

这场战役之后，当地王公们对伊斯兰统治进行了最后一次微弱的反抗，但遭到了严酷镇压。渴石的统治者被杀，布哈拉的领主，图格沙达的儿子、与那位阿拉伯征服者同名的屈底波被处死，还有许多人也因此丧生。经过半个世纪的残酷斗争，伊斯兰教取得了胜利。“塔吉克人”起初是萨珊人对阿拉伯人的称呼，即对伊拉克的 Tavy 部落这么称呼，之后被粟特人采用，用来代指说各种语言的穆斯林，到最后指的却是中亚说波斯语的穆斯林。[2]

在中亚地区，阿拉伯人和当地人之间的战争还有一个有趣的细节，大量波斯难民来到中亚，希望得到当地武装的帮助，并在唐朝和突厥人的援助下，继续与阿拉伯人进行斗争。萨珊王朝末代统治者伊嗣埃三世的王室成员不仅向唐朝寻求援助，还在中亚
参加了与阿拉伯人的战斗。在中亚的竞技场上，各方势力间的联 215
盟时兴时衰，但在民间，伊斯兰教始终稳步发展。

中亚地区此时发生的另一个过程，可称之为当地的波斯化（Persianization）。为什么巴克特里亚语、花剌子模语、粟特语及相关的文学和文化都消失了，而波斯文化和波斯语主导了东部的伊
斯兰世界？有诸多原因，其中之一是与波斯相比，阿拉伯军队在 216
中亚造成了更多的死亡和更大的破坏。需要记住，在波斯，人们

图 14.2　公元 8—9 世纪的中亚银盘，与萨珊银盘的风格类似（引自 B. I. Marshak, *Sogdiiskoe Serebro*, Moscow, 1971, plate T-31）

的身份认同是以宗教为基础，每个宗教团体的内部事务都由该团体的宗教领袖管理。这种制度被阿拉伯穆斯林延续了下来，甚至影响了奥斯曼帝国的民族身份制度（millet）。这意味着波斯的基督教和犹太教社群，此时还要算上祆教徒，可以在新的阿拉伯统治者管控下，继续生活在社会底层，就像萨珊王朝时期一样。还有非常重要的一点是，非伊斯兰教信仰的民族拥有的是集体权利，而非个人权利。但在中亚，大多数人可能是当地的祆教徒，在面对伊斯兰教的传入时，没有一个可以团结当地人来对抗伊斯兰教的强大宗教团体。与波斯相比，中亚的战事也要多得多，这破坏了将人们联系在一起的纽带，因此，当屈底波攻打花剌子模，致使其学者被杀后，古老的传统和文化就很难恢复。此外，阿拉伯人在征服过程中将大量奴隶从中亚带到了近东，这些奴隶与另一种文化地带的接触，冲淡了自身文化和传统的影响。当他们中的一些人回到中亚时，带回了各种外来的价值观念，这使得中亚在伊斯兰教外衣下所具有的跨国特征或普遍特征进一步加强。

尽管中亚社会的贵族阶层和学者被打压消失了，但许多人还是加入了阿拉伯人的行列，并为构建一种新的伊斯兰文化作出了重要贡献，这种新文化超越了阿拉伯部落的价值观和道德观。此外，中亚的商人群体习惯了外人的统治，前提是统治者能够保护他们的商路和生意。商人们比波斯的社群更容易接受伊斯兰教，后者更为依赖土地和本土贸易。

此外，波斯语已成为东部穆斯林军队的通用语。对粟特人和
其他人来说，学习波斯语也并不困难。在吐火罗斯坦，波斯语比 217

粟特语使用得更多，甚至在伊斯兰教征服之前也是如此，这也是比鲁尼只能了解花剌子模和粟特的古代历法和习俗的原因之一。吐火罗斯坦早在比鲁尼的时代之前就已经波斯化，失去了自身古老的文化。中亚地区的萨珊难民也促进了波斯语的传播。

虽然阿拉伯征服和伊斯兰教对中亚的影响很大，但影响也是相互的。阿拉伯人也学会了波斯语，穿着当地流行的服饰。毫无疑问，中亚的阿拉伯人、波斯人和粟特人之间形成了贸易伙伴关系。在纳斯尔时代，阿拉伯语作为官方书面语引入了呼罗珊，这比它在倭马亚王朝其他地区传播的时间都要晚。但当地的抄写人很快就发现了使用阿拉伯语的好处，因为它书写起来更灵活，在商业交易中也比粟特语或中古波斯语更方便。10 世纪后期，人们就开始用阿拉伯字母书写波斯语（即新波斯语），这种现象首先发生在中亚，而非波斯。

人们认为，倭马亚王朝时期的阿拉伯王国在阿拔斯王朝时期成为波斯化的帝国。呼罗珊地区的阿拔斯军队为推翻倭马亚王朝发挥了重要作用，随着首都从大马士革迁往巴格达，波斯和中亚地区迎来了一个新的时代。在呼罗珊、河中地区以及巴格达，一种新的伊斯兰文化正在形成。许多呼罗珊和河中地区的人来到巴格达定居，这将对整个伊斯兰世界产生深远影响。

注释

[1] 有关阿拉伯人在呼罗珊地区的部落冲突，参见 J. Wellhausen, *Das Arabische Reich und sein Sturz*, Berlin: Reiner, 1902 和 H. Gibb, *The Arab Conquests in Central Asia*, London: Royal Asiatic Society, 1923。关于这一时期的中亚，参见 W. Barthold,

Turkestan down to the Mongol Invasion, London: Luzac, 1968，以及 R. Frye, *The Golden Age of Persia*, London: Weidenfeld & Nicolson, 1975。关于阿拉伯人在中亚的早期征服，参见 G. Goib, *Rannye pokhody Arabov v Srednyuyu Aziyu*, Dushanbe: Donish, 1989。

[2] 关于这一名称的讨论和进一步的参考资料，参见 W. Sundermann, *An Early Attestation of the Name of the Tajiks*, in W. Skalmowski ed., *Medioiranica*, Leuven: Peeters, 1993, pp.163–171。

第十五章

伊朗—伊斯兰世界磨合

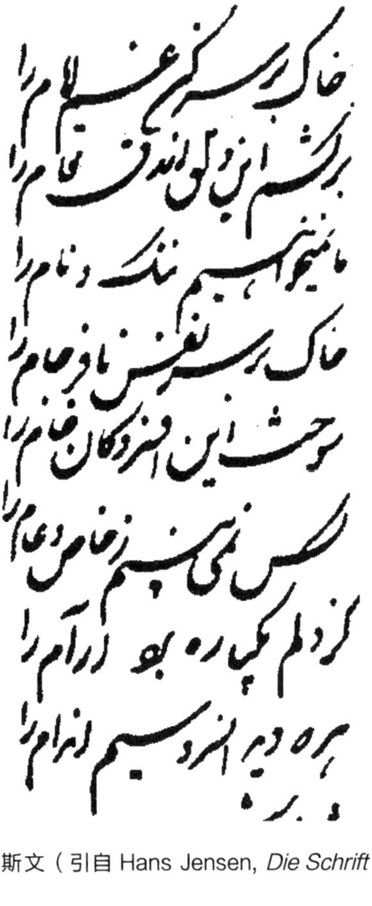

波斯文（引自 Hans Jensen, *Die Schrift*）

随着阿拔斯王朝的建立，呼罗珊和中亚地区发生了一些显著的变化。与倭马亚时期相比，最大的变化是阿拉伯部落不再干预政治事务。这并不是说阿拉伯部落离开了呼罗珊或者不再生活在东方了，而是他们已经失去了自身的组织和影响力。许多人融合进了当地人中，指代部落附庸的“麦瓦利”一词在文献中也不再出现。此时当地只区分穆斯林和非穆斯林，但随着越来越多的人皈依伊斯兰教，出现了一种新的区分方式。这种东方的区分方式主要基于语言差异：首先，是对包括阿拉伯化的皈依者在内的全体阿拉伯人与伊朗人之间作出区分，伊朗人即使在皈依后也没有学会阿拉伯语；其次，对伊朗人和突厥人作出区分。在巴格达和伊朗其他地方的阿拉伯人或阿拉伯化的人与伊朗人发生了争端，这被称为舒欧布运动（Shu‘ubiyya），但这个现象在中亚并不突出。 221

第二个变化是，自阿契美尼德王朝灭亡后，阿拉伯的征服第一次使操不同伊朗语的民族统一在同一个政治单位，即哈里发政权之下。萨珊人和阿拉伯人都对中亚产生了影响，而伊斯兰教的社会黏合作用比以往的其他影响更强大。在伊朗和中亚传播的新波斯语不仅仅是法尔斯地区曾经的方言，也不仅仅是在形式上得到帕提亚语和其他语言的扩展，而是萨珊王朝的官方语言，后来学者称这种语言为达里语（dari），取自波斯语中的“宫廷”之意。粟特语和其他语言的表达方式丰富了阿拔斯王朝东部的新波
222 斯语，尽管其基本语法仍然是法尔斯方言。当然，其他方言也很多，直到现在也是如此。但是河外地区的局势对阿拔斯王朝的整个东部地区来说非常重要。

另一个变化是，呼罗珊地区的长官不再受制于伊拉克总督，只对巴格达的哈里发负责。随着时间的推移，地方总督的自主权越来越大。总督派遣到东部各地的官员，也逐渐取代了当地的统治者，将他们贬为贵族或德赫干阶层。此外，梅尔夫也失去了作为阿拉伯人渡河作战基地的显要地位，因为它的战略价值不再像倭马亚时期那般重要。呼罗珊总督更多会选择内沙布尔作为首府，其他城镇有时也会获此殊荣。就像巴格达的君主被尊称为哈里发一样，总督被尊称为埃米尔，大致意思是指挥官或统治者。地方宫廷在建制等许多方面都在模仿首都巴格达。也许哈里发宫廷和总督府最大的相似点在于，二者都设有宰相或维齐尔（vezir）的官职，这一点在史料中表现得很明显。这个词的起源究竟是阿拉伯语还是波斯语，仍然存在争议。但总之，这个制度及其配套建制模仿了萨珊君主的大宰相一职。

我们在此无法详细介绍阿拔斯王朝首都巴格达的中央政府组织，但由于地方机构是参照首都建立的，在此可以参考中央的情况来阐明地方所缺失的信息。尽管河外地区仍受呼罗珊总督管辖，但地方若非完全自治，也基本上保留先前的状态。不同地区

的情况虽各不相同，但可以重构出大体情况。绿洲由一名监护官（wali）管理，通常由大省总督（埃米尔）任命，也有一些是巴格达方面直接任命的。配合监护官工作的还有一名收税官（‘amil）、一名通信官和一名法官（qadi），均由地方总督任命。城镇也有 223
自己的组织，由一名市长（ra’is）管理城市的行政组织。这个官职在中亚地区比在阿拔斯王朝其他地区的权力更大。因为在其他地方，从巴格达派来代表中央政府利益的官员经常主导了城市的行政工作。各层级之间卖官鬻爵的现象频出，贪腐横行，随处可见。但在中亚的城镇，商人的地位依旧很高，城镇在行会的领导下恢复了秩序。谢赫（shaikh，部落首领）管理不同城区，还负责解决物资供应、生活垃圾处理和教育培训等市政问题。然而出现了一个新的因素，那就是由卡迪（qadi）和毛拉（mullah）——也就是宗教领袖——组成的宗教机构。

由于没有先例，很难恢复出经学院以及相关学者在中亚城镇中影响力逐渐扩大的过程。在布哈拉，哈乃斐（Hanafi）教法学派的领袖战胜了罕百里（Hanbali）、沙斐仪（Shafi‘i）和马立克（Maliki）教法学派。而在其他城镇，不同学派的支持者之间经常爆发城市内部的争斗。在内沙布尔，哈乃斐学派和沙斐仪学派为夺权而爆发的争斗几乎毁了这座城市。

对中亚人来说，将政治和宗教权力集合在哈里发一人身上，是相当新鲜的事情，但他们似乎欣然接受了这一点。因为正是在布哈拉、撒马尔罕、巴里黑和中亚的其他中心城镇，伊斯兰文化从阿拉伯文化转变为世界性文化。当然巴格达作为首都仍然具有重要地位，来自呼罗珊和各地的穆斯林都涌向那里。哈里发拥有宗教和世俗的权威，地方总督们就不具备这些。

我们先关注一下宗教制度情况。从文化上看，普遍性的伊斯兰教出现在阿拔斯王朝建立之初，当时有大量异端和杂糅的宗教
224 运动，这在伊斯兰教早期是没有的。倭马亚王朝末期，各地出现了许多反抗阿拉伯人的起义，而且大多数都带有宗教色彩。起义是东部地区宗教和政治情绪酝酿发酵的标志，大多数起义军领袖都会寻求社会底层的支持，底层民众则渴望随时准备追随任何承诺可以把他们救出苦海的救世主。我们获得了一些与此类起义相关的历史记录，其中的社会和政治因素与宗教因素一样重要。

呼罗珊地区存在的袄教派别，也因为反对自萨珊时期延续下来的正统教派而被摧毁。一位名叫比哈弗里德（Bihafrid）的袄教教士在内沙布尔的周边地区有一批信众，他遭到了正统袄教派的迫害。公元749年，在正统派的要求下，阿布·穆斯林逮捕并处决了这个异教徒。另一位叫辛巴德（Sinpad）的袄教教士，在阿布·穆斯林死后发动了一场叛乱，声称阿布·穆斯林是在阿拔斯王朝哈里发曼苏尔（Mansur）唆使下被暗杀的，并要为死者复仇。但是，辛巴德失败了，并被处死。在辛巴德起义发生几年后，突厥人伊斯哈克（Ishaq）也起义了，由此可以看到伊斯兰教和袄教都期望出现一位救世主。许多什叶派团体认为，阿拔斯王朝篡夺了阿里家族成员的权力。他们也相信一位弥赛亚或马赫迪（mahdi，救世主）将带领他们战胜阿拔斯王朝。如果各种反对者联合起来对抗阿拔斯王朝，谁胜谁负难以预料。在这些早期运动

中，人们的宗教信仰和其宣扬的政治理念都十分混乱。

在巴德吉斯爆发了另一场宗教—政治起义。一个自称是比哈弗里德追随者的乌斯塔德·西斯（Ustad Sis）领导了这场随众甚多的起义。直到公元 768 年西斯被俘并处死后，他的追随者仍然活动。除伊斯哈克外，所有这些起义者都没有伊斯兰教名，但接下来的起义似乎都是由教众激起的。优素福·伊本·易卜拉欣在锡斯坦举起了起义的大旗，之后他去了布哈拉，号召了一群自称是胡拉姆丁（Khurramdin）"幸福"宗教的信徒，这是一种伊斯兰教和祆教的结合体。当易卜拉欣于公元 778 年被俘并处死后，他的追随者继续活动。从公元 775 年到公元 783 年，出现了 225
一个叫作穆格纳（Muqanna）——意为"蒙面先知"——的宗教人物，他在粟特那色波、渴石以及布哈拉的村庄中有大批追随者。他自称是阿布·穆斯林转世，其追随者穿着白衣，与阿拔斯王朝的黑色服饰相对立。穆格纳也被打败了，并丢了性命，但他的追随者在他死后也继续活动。有一些宗教起义被称为马兹达派（Mazdakite）的复兴，这是萨珊居和多时代的宗教社会运动，但实际上，二者之间的联系很牵强。

要想调和不同运动几乎不可能，它们既有讲二元论的，又有讲轮回的，还有其他信仰的。可以说，在阿拔斯王朝早期，宗教、政治和社会团体在呼罗珊以及河外地区扩大的情况，就像公元初几个世纪的基督教存在不同教派的情况一样。大多数运动的社会性质很明显，因为它们迎合大众。中亚是阿拔斯王朝的边疆，不仅异端教徒可以在这里生存，基督徒和摩尼教也可以在这里进一步向更深处传教。据说有些运动甚至可以追溯到前伊斯兰时代，这是有可能的，但没有与之相关的信息。

主流的逊尼派穆斯林并不介意效仿起义者，但他们的方式不同于其他宗教，因为他们的反对动机更侧重政治而非宗教。虽然倭马亚王朝统治者曾试图让全体民众皈依伊斯兰教，并承诺对新皈依者免税，但这种做法并没有得到落实。公元 728 年，呼罗珊的一位总督阿什拉斯（Ashras）就尝试过这种做法，但是其举措不但没有促成和解，反而激起了各方的反对。

阿拔斯王朝时期，伊斯兰教已经得到传播，但伊斯兰教的准则或支柱仍在形成过程中。其中之一就是针对异端教徒的“征战”。阿拉伯人早期征战中亚时的劫掠传统并没有被遗忘。在阿
226-227 拔斯王朝时期，穆斯林可以将伊斯兰教的使命与对战利品的渴望相结合。在中亚的边疆与它在拜占庭和西班牙的战争前线一样，让穆斯林战士心向往之。在拜占庭和西班牙这些地区，交战双方都产生了各自的英雄，中亚也是如此。

西班牙的熙德（Cid）和安纳托利亚的第欧根尼·阿克里塔斯（Diogenes Akritas）都有关于他们功绩的史诗，并一直流传下来。但在中亚，留给我们的只剩下几个名字，也没有关于穆斯林和异端教徒作战的文学作品。后来的 Budrach 显然是信仰佛教的回鹘在抗击喀什的喀剌汗王朝 * 军队时的一位英雄，他似乎和煦德有着相同的使命。阿拉伯文献中多次提到加齐（ghazi），即穆

* 即黑汗王朝。

图 15.1　公元 8—9 世纪的尼扎克银币及阿富汗北部其他统治者的银币，出土于喀布尔

图 15.2　上述银币的背面

斯林战士。他们春天在坚固的堡垒（Ribat）集合，向草原上的突厥人发起远征，有时也会前往伊斯兰教尚未传到的山区。

同时，河外地区遭受了北方突厥人的袭击。呼罗珊总督与地方统治者一起，修补和扩建了城镇周围的城墙以及整个河外地区绿洲的城墙。我们看到，这种“造墙心理”，主导了中亚地区历代统治者的政策，从塞琉古时代一直延续到了阿拔斯王朝。萨珊人曾在古尔甘北部平原和高加索地区的杰尔宾特修建了很长的城墙，但无论是在伊朗还是在中亚，城墙都收效甚微。直到10世纪，在萨曼王朝君主伊斯玛仪统治河外地区的时代，布哈拉和撒马尔罕的绿洲城墙被废弃。此时的其他绿洲似乎也不再建造这种防御性城墙，这也许说明了，在抵抗游牧民族时，城墙的作用并不大。

公元9世纪末，伊斯兰教在中亚西部广泛传播，但在伊朗乡村地区，一个多世纪后的主要信仰仍然是琐罗亚斯德教。10世纪初，埃及法蒂玛王朝（Fatimid）派遣的什叶派伊斯玛仪传教团推动了伊斯兰教什叶派在伊朗乡村地区的传播。他们的传教活动
228 既针对非穆斯林，同时也针对官方承认的逊尼派穆斯林。作为回应，当局也派出自己的逊尼派教团。然而在中亚，什叶派教团没有取得明显进展，部分原因是布哈拉、巴里黑、撒马尔罕等城镇已经成为逊尼派伊斯兰教的学术中心。

有一个重要发现，在阿拔斯王朝统治的第一个世纪，有许多名字有“布哈拉的”（Bukhari）、“巴里黑的”（Balkhi）、“撒马尔罕的”（Samarkandi）、“铁尔梅兹的”（Termezi）等后缀的伊斯兰

学者，但很少有来自设拉子（Shirazi）或伊斯法罕（Isfahani）后缀的学者。可以说，在伊斯兰教的学术领域中，存在一个“布哈拉—巴格达”轴线。伊朗皈依伊斯兰教要比中亚慢，大多数伊朗人仍然信仰琐罗亚斯德教、基督教或犹太教，而中亚大多数人已经成为穆斯林，因此伊斯兰教学术在那里很昌盛。10世纪的地理学家穆卡达西（Muqaddasi）写道：学者（‘ulama）在（伊朗）以东备受重视，而在设拉子以及西部，抄书人得到推崇。

伊斯兰教受到来自伊朗的琐罗亚斯德教的影响，而可能存在的佛教影响则来自吐火罗斯坦。伊斯兰神秘主义，甚至是叫作苏非主义（Sufism）的苦行思想，是否源于佛教，这一点存在很大争议。早期的苏非之一是巴里黑的易卜拉欣·伊本·阿达姆（Ibrahim ibn Adham，卒于公元777年），他所建的学派具有佛教苦行僧的特点。在阿拉伯征服时，巴里黑一直是佛教中心。据阿拉伯文献记载，当地有一座著名的毗诃罗（vihara，寺院），叫作Naubahar。这应该就是前伊斯兰时代的中亚对伊斯兰信仰最有可能的宗教贡献。

呼罗珊的军队推翻了倭马亚王朝。因此，阿拔斯王朝与东方关系密切，尤其是贸易和商业的规模得到了极大扩展。此时，在古老的粟特东方商路上，商人们视自己为穆斯林。先知穆罕默德和他的妻子及朋友本身都是商人，伊斯兰教是一种城市文化的体现，要比伊朗文化更适合中亚。但是繁荣并不局限于中亚，哈里发治下的所有地区都是如此。中亚商人们在哈里发的疆域上四处奔波，以自己的方式串联了伊斯兰世界的东方和西方。伊朗和中 229

亚结合的另一个领域是艺术。

后来那些描绘人物形态的伊斯兰细密画很有可能是从中亚的壁画和摩尼教细密画的书册中获得了一些灵感，因为萨珊王朝后期的伊朗艺术传统主要是花卉和几何图形。阿拔斯王朝时代伊拉克的细密画中对人的描绘与后来的东方绘画有很大不同，这是意料之中的。但没有任何早期伊斯兰东方细密画的案例，这一点令人费解，因为内沙布尔和东方其他地区的陶瓷上确实出现了人物形象。不管怎样，在部分伊斯兰文明的形成过程中，伊斯兰艺术也从外部获得了独特的因素。但是艺术发展的影响是复杂的，许多问题没有得到解答，例如，伊万（eyvan，拱形）的建筑形式起源于东伊朗还是中亚的问题，伊斯兰细密画中描绘的故事情节和艺术背景的问题，还有其他一些问题等。关于绘画装饰方面的大量细节还有影响传播等，请读者参考艺术史学家在该领域的研究。

我在此不再记述阿拔斯王朝在东部权力削弱或者伊朗王朝崛起——首先是塔希尔王朝（Tahirids），然后是萨法尔王朝（Saffarids），最后是萨曼王朝——的过程，因为其他学者已经进行了详细的讨论。尽管如此，由于辉煌的东方伊斯兰文化正是在萨曼王朝时期走向了成熟，所以我应该对中亚这个最后的伊朗王朝略做探讨。

萨曼家族的祖先据说是铁尔梅兹附近一个村庄的德赫干，萨曼的名字就是从他这里来的。在阿拔斯王朝统治初期，萨曼和他的儿子阿萨德（Asad）皈依了伊斯兰教，在当地有了名望。他的四个孙子因支持哈里发马蒙（Ma‘mun），在呼罗珊的塔希尔总督那里担任要职。大约在公元820年，四兄弟中最年长的努赫（Nuh）被任命为撒马尔罕的副总督，阿黑马（Ahmad）、雅希亚（Yahya）和伊利亚斯（Ilyas）则分别就任费尔干纳、塔什干和赫拉特的副总督。长兄努赫是一家之主，当他在公元842年去世后，弟弟阿黑马成为族长，并派其子纳斯尔去统治撒马尔罕。 230

公元873年，由新崛起的首领雅克布（Yaqub，铜匠）建立的萨法尔王朝推翻了塔希尔王朝以及伊利亚斯家在赫拉特地区的统治。萨曼家族也摆脱了呼罗珊地区的统治。简单来说，纳斯尔把他的弟弟伊斯玛仪派到布哈拉。后来，伊斯玛仪成为萨曼家族的族长，布哈拉也在公元892年成为新的萨曼王朝首都。

伊斯玛仪与当地首领签订条约，或任命亲属去统治各个城镇，巩固了对河外地区的统治。公元900年，他击败并俘虏了雅克布的继任者阿穆尔（Amr）。然后，巴格达哈里发任命他统治整个东部地区。关于伊斯玛仪对突厥人的远征和他对伊朗的征服，我们在此不作探讨，可以参考萨曼王朝历史的其他资料。但须概述一下萨曼王朝在中亚的统治意义。

除了伊斯玛仪的孙子纳斯尔二世曾一度支持伊斯玛仪派以外，萨曼王朝一直坚定地捍卫逊尼派。同时他们大力赞助伊斯兰教学术，正是在他们统治河外地区的一个世纪里，伊斯兰文化的一个分支，即所谓的伊朗伊斯兰文化得到了发展。在萨曼王朝时期，波斯语得以传播，虽然王朝的官方书面语言还是阿拉伯语。就像在中世纪末的欧洲，在地方语言发展的同时，拉丁语仍然是主要的书面语言。在河外地区和呼罗珊，波斯语开始与阿拉伯语一样，同时用于书写。当地贵族对同为伊朗人的伊斯玛仪的统治感到满意，他鼓励将中亚的古老传统与伊斯兰教相结合。此前的社会披着伊斯兰教的外衣继续存在。但讽刺的是，萨曼王朝推动突厥部落皈依并加强古老的宫廷奴隶制度（沙基尔），却为王朝敲
231 响了丧钟。这些宫廷奴隶主要是突厥人，萨曼王朝训练他们领导军队、治理国家。

突厥奴隶逐渐主宰了巴格达的中央政府，布哈拉的情况也同样如此。起初，他们只控制了军队，但后来操控了整个国家。不过，萨曼王朝与巴格达的哈里发宫廷不同，萨曼王朝没有宗教机构可以将民众团结起来，共同抗击喀喇汗王朝军队。所以在 10 世纪和 11 世纪之交，中亚不仅是重要的伊斯兰地区，还是突厥统治的中心地带，他们从这里扩张到了巴尔干地区和德里。虽然中亚地区归突厥人统治，但在文化层面依然是伊朗的，二者因伊斯兰教而达成统一。

显然，伊朗—伊斯兰关系磨合过千年，并影响了整个伊斯兰世界。但是，在阿拔斯王朝时期由阿拉伯语促成的伊斯兰教一统局面，此后将分裂为东部伊斯兰地区和西部伊斯兰地区，前者使用波斯语，后者则保留了阿拉伯语。也许出乎意料的是，虽然是阿拉伯人整合了伊朗和中亚，但主要是操突厥语的民族将所谓的伊朗—伊斯兰文化向西传播，甚至传到了君士坦丁堡。

第十六章

现代中亚的诞生

ı бир-иккита шеърлари орқали
1919 ва 1925 йилларда учрашга
суҳбатларимиз қалбимда ўчм
иёт ва санъатнинг сеҳрли олам
Ҳамза чин маънода устоз ва му
асарларини ўқиб боришга ҳа
адабий машқларимни жидд
ли маслаҳат олиб турардим.
ул келганларини газета ва жу
. Йигирманчи йилларда «Янги
шеърларим устоз кўмаги билан
стозимдан умрбод миннатдор
м борича уни узишга ҳаракат
. Ҳамза ўз ижоди билан ҳам,

乌兹别克文（引自 *Uzbek Tili va Adabiëti*, Tashkent, 1989, no. 1）

本书还没有讨论草原地带和中亚的东部，但整个中亚地区后 235
来的面貌是最后一次向南的民族大迁徙决定的，所以我们可以把中亚的核心地带称为操突厥语之地。讲突厥语的人是如何改变了中亚的人口结构呢？[1]在此需要对突厥人略作介绍。

早在公元1千纪，突厥诸部落就已经进入了中亚东部和西部的绿洲诸国，但这方面的切实证据很少，只有中国正史提及了突厥人的征服过程，但也没有关于突厥人在绿洲定居的记载。在回鹘人占领吐鲁番、哈密和其他绿洲之前，我们找不到突厥人的定居文化存在的证据，因为突厥部落在公元9世纪之前仍然游牧或放牧，但并不是说没有突厥人在城镇定居，特别是在伊犁河谷和楚河流域，只不过此时的权力和威望仍然集中在部落首领手中。然而突厥人并不是唯一在中国西域进行过掠夺并最终定居下来的民族。

另一个在中国西域历史舞台上发挥过重要作用的民族是吐蕃。他们从公元660年起与唐朝争夺西域绿洲诸国的控制权，长达一个多世纪。[2]他们有时会与突厥人结盟，但从未长期有效地统治过当地。阿拉伯史料中提到的活跃在河外地区或吐火罗斯坦的“吐蕃”（Tibetan）并不是指首都在拉萨的吐蕃，而是指喀喇昆仑与喜马拉雅山区的民族。对穆斯林来说，“吐蕃”是一个泛指的描述性词语，适用于印度北部的高原人群，可能只是那些带有蒙古特征的人群。此处不再深入，我们继续讨论突厥人的历史，他们深深地影响了东方的历史。

236 前文已经提及，最早的突厥汗国军队打败了嚈哒人，之后出现了中亚本土的突厥王朝，最著名的是大约在公元 7 世纪末在喀布尔建立的突厥夏希王朝（Turkish Shahis of Kabul）。但在此之前，嚈哒人似乎已经混合了突厥人和伊朗语族的人群。尽管如此，哈拉吉人（khalaj）是历史记载中最早生活在阿富汗山区的牧民。我们基本无法确定他们的族源，虽然阿拉伯和波斯的史料认为他们是嚈哒人的后裔，但他们在当时的历史时期几乎没有什么表现。阿拉伯人在河外地区的主要对手是突骑施人，名义上属于以蒙古和阿尔泰地区为中心的第一个突厥汗国。大约在公元 766 年，葛逻禄联盟开始形成，并取代了突骑施人。

在公元 8 世纪初，突厥第二汗国曾在暾欲谷（Tonyukuk）、阙特勤（Kültegin）和毗伽可汗（Bilgä）等著名首领统治时快速崛起，但没多久，回鹘人就在公元 744 年控制了蒙古高原和草原地区。西部的葛逻禄人反对回鹘的统治，双方因争夺对其他突厥部落的统治而结怨，直到公元 840 年黠戛斯人（Kirghiz）征服了回鹘汗国。但也有一些突厥部落远离纷争，最明显的是乌古思人（Oghuz），也叫古思人（Ghuzz），他们游荡在里海以东至锡尔河一带。与穆斯林一直交战的正是乌古思人和葛逻禄人，两个民族在 10 世纪时皈依了伊斯兰教。

回鹘人在战败后并没有消失。公元840年之后，他们又出现在了塔里木盆地的南部绿洲。当回鹘人还在北方的时候，他们的可汗——汉文史料中称牟羽可汗（Mou-yü），在公元760年已经从粟特人那里接受了摩尼教。而大致在今天乌鲁木齐以东的南部前哨别失八里，成为定居的回鹘人的新都。后来回鹘人改信了佛 237
教，可能融入了库车和塔里木盆地北缘其他绿洲的吐火罗人，但他们把回鹘语传给了当地人。公元9世纪末，当地的突厥化已经开始。

此时在中亚西部，葛逻禄部落联盟中的样磨部（Yaghma）和炽俟部（Chigil）长期内斗，最终导致在10世纪末，许多葛逻禄部落皈依了伊斯兰教，并建立了喀剌汗王朝，即伊利可汗的统治之地，关于这两个名称仍然有很多争议。这个新王朝的创始人，也是第一个皈依伊斯兰教的首领，在一些文献中被称为萨图克·布格拉汗（Satuk Bughra）。据说他征服了喀什，使之成为喀喇汗王朝的第一个首都。

我们这里并不想叙述关于喀喇汗王朝或中亚其他操突厥语王朝的历史。喀喇汗王朝对信佛的回鹘人发起东征，但直到蒙古时期回鹘人所在地才普遍皈依了伊斯兰教，当时突厥语已经取代了当地过去的所有语言。而在中亚西部，突厥语并没能取代波斯语，波斯语在中亚城镇中很流行，特别是在苦盏、撒马尔罕、布哈拉等地。就像在阿塞拜疆一样，中亚山野郊区的突厥化进程并不顺利。在费尔干纳盆地、塔什干以东的山区以及其他地方，至今仍有讲波斯语的村民。在今天的一些山区，当地人语言中依然保留着粟特语和其他古代伊朗语族的痕迹。

因此，是伊斯兰教的传播而不是突厥人的扩张，建构了中亚
直至今日的面貌。萨曼王朝是统治中亚的最后一个伊朗王朝，并
在公元1000年被灭。但伊朗—伊斯兰文化并未被突厥—伊斯兰
文明所取代。相反，喀剌汗王朝时期兴起的，带有波斯渊源的伊
238 斯兰突厥语文学，后来被吸纳进了波斯文学传统。而东部回鹘人
的非伊斯兰文学和文化作为中亚古老遗产最后的表现形式，消失
在了伊斯兰文化的浪潮中。

在20世纪初，如果要描述中亚文化的特点，那么可以说，西部地区是近东和伊斯兰世界的延伸，东部地区虽然与西部地区相似，但带有浓厚的中国色彩，而且这种色彩越向东越深。当然，从当时的政治上看，中亚西部属于俄罗斯帝国，而东部属于中国的清朝。

在20世纪末，随着苏联在西方文明（即现代化、技术）的冲击下四分五裂，整个中亚地区都在诸多地方冲突中寻求恢复自身的过去和认同，但它们面对着一个更强大的挑战，即跨国公司和技术的世界。它们面临两个拉力：一个要与世界其他地区团结在一起；另一个则是找寻民族认同。二者各自拉扯，让中亚濒临混乱和动荡。促使这两方面力量统一或达成妥协，关系到中亚的未来。当然，不只是中亚人民，世界上许多其他国家也都面临同样的问题。目前，对这一难题处理得最好的是日本人，但也有许多人认为，日本调和本土文化和世界文化的过程导致了一种文化人格分裂，另一些人则反驳说，这种状态并非诅咒，而是一种恩赐。

怎样调和本土文化与世界文化确实是未来的一大挑战，而中亚正在积极参与这个进程。未来世界面临诸多难题的困扰，人们是否已经解决其中的这一道，只有时间才能给出答案。

注释

[1] 本书并不打算探讨中亚的突厥历史，这是一个宏大的话题，但为了贯通古代和后伊斯兰时代，有必要简单叙述一下与突厥相关的历史，进一步阅读参见塞诺《剑桥早期内亚史》的各个章节。

[2] 白桂思 (C. Beckwith), *The Tibetan Empire in Central Asia*, Princeton, 1987 一书详细研究了青藏高原北部的吐蕃人活动，但夸大了吐蕃对高原以西地区的征服和外交活动。

附录一　文献来源

241　汉代之前和汉代早期的中文史料来源于《史记》，已由华兹生（B. Watson）翻译为英文（*Records of the Grand Historian of China*, 2vols., New York: Columbia Univ. Press, 1961）。西汉史料参考的是班固在公元 90 年编撰的《汉书》，由德效骞（H. Dubs）翻译为英文（*The History of the Former Han Dynasty*, 3 vols., Baltimore-Wash. ACLS, 1944）。范晔在公元 440 年编写了关于东汉王朝的《后汉书》，其中关于西域的内容基本和《史记》《汉书》一致。这部分内容由沙畹（Chavannes）翻译为法文（"Les pays doccident daprès le heou han chou," *Toung Pao* 8, Leiden, 1907），重点参考了第 191—195 页。

关于贵霜之后以及嚈哒时代的信息很少。中国后来的官修史书除了记载西域各国的进贡使团之外，没有提供更多信息。此外，关于西域的内容，《魏书》抄录的是《北史》中的内容，而《北史》中的资料大都来自《周书》。相关英译本以及解读，参见 R. A. Miller, *Accounts of the Western Nations in the History of the Northern Chou Dynasty*, Berkeley: Univ, of California Press, 1959。关于西域在唐代以前详细的地理情况，参见 L. Borovkova, *Zapad Tsentralnoi Azii vo II v. do n.e.–VII v. n.e.*, Moscow: Nauka, 1989。

隋唐时期，关于西域的新知识涌入中原。幸运的是，相关 242
资料已经译为法文和俄文，法文译本见沙畹的《西突厥史料》[*Documents sur les Tou-Kiue (Turcs) occidentaux*, Paris: A. Maisonneuve, 1946]，以及较早的比丘林（Y. Bichurin）的 *Sobranie svedenii o narodakh, obitavshikh v Sredne Azii*, 3 vols., Moscow, 1950–1953。此外关于唐史的史料解读，参见 A. G. Malyavkin, *Tanskie Khroniki o gosudarstvakh tsentralnoi Azii*, Novosibirsk: Nauka otd., 1989。

古希腊罗马的古典学资料很容易找到，参见托伊布纳古典丛书（Tuebner Series, Leipzig）和洛布古典丛书（Loeb Series, Cambridge, Mass.）以及菲力克斯·雅可比（F. Jacobi）编写的《希腊历史学家残篇集成》(*Die Fragmente der griechischen Historiker*)，3 vols., Berlin: Weidemann, 1954–1964)。曾提及过中亚的拜占庭史家有阿米阿努斯、弥南德、塞奥芬尼斯（Theophanes）等。他们的著作可以在拜占庭历史学家的书库中找到，此外也有很多版本和译本。

一些记载有中亚信息的阿拉伯文著作已经被译为英文，如历史学家塔巴里的著作，还有记载阿拉伯征服的拜拉祖里（Baladhuri）、雅库比（Ya‘qubi）、阿瑟姆·库菲（Atham al-Kufi）以及许多地理学者。波斯语著作方面，纳尔沙喜的《布哈拉史》(*History of Bukhara*, transl. R. Frye, Cambridge, Mass. Mediaeval Society, 1954）是中亚城镇史最好的作品。关于所有这些伊斯兰时期的资料，参见巴尔托德（W. Barthold）的《蒙古入侵前的突厥斯坦》（*Turkestan down to the Mongol Invasion*）。尽管萨曼王朝，特别是伊斯玛仪，在很多著作中受到称赞，但还没有一部可以与后来王朝的史书相媲美的萨曼王朝历史书。

附录二　地理名词

中亚地名的古今对照

以下的地名只是大致对应，因为古代城镇的位置已经发生改 243
变，但是大致区域基本一致。

中亚地区在古代没有统一的名称，但阿拉伯人将奥克苏斯河（Oxus，今阿姆河）以南的土地称为呼罗珊，将阿姆河北部的土地称为“ma wara’ i-nahr”，意思是“河的另一边”（河外）。

巴克特里亚（O. P Baktrish，包括中世纪的巴里黑）是指奥克苏斯河两岸的土地，位于今天的阿富汗北部、乌兹别克斯坦南部和希萨尔山脉以南的塔吉克斯坦。尽管在托勒密、斯特拉波等人的著作中都有关于这一地区的不同古代名称，但直到中世纪伊斯兰时代，这片土地都没有清晰的政区分界或地区细分。尽管历史名称发生了变化，甚至政治边界有时会覆盖多个地理区域，但地理分区基本不变。我们在阿拉伯的地理志中大致发现了以下分区，这证明了山脉之间的山谷中存在着许多小国：

古代名称	现代名称
Tokharistan（覩货罗、吐火罗）	Badakhshan（巴达赫尚）
Tirmidh（呾蜜、忒耳迷）	Termez（铁尔梅兹）
Chaganiyan（赤鄂衍那、支汗那）	Surkhan Darya valley（苏尔汉河谷）
Akharun	western part of Hissar valley on banks of present Shirkent Darya（位于今天希尔肯特河岸的希萨尔山谷西部）
Shuman（愉漫、数瞒）	Dushanbe area（今杜尚别周围）
Kobadian（久越得健）	lower course of Kafirnigan River（卡菲尼根河下游）
Khalaverd	Kafir Kaleh near Kurgan Tiube in the Vakhsh valley（位于瓦赫什河谷，在库尔干秋别附近的 Kafir Kaleh）
Rasht	Ab-i Garm 或 Karategin
Khuttalan（珂咄罗）	capital at Vose near Kulob（Vose 的首府，库洛布附近）
Khulbuk	Kurbanshahid
Wakhsh（镬沙）	Near Kurgan Tiube（库尔干秋别附近）

244 今沙拉巴德河（Sherabad）附近的“铁门”，在古代被称为 Guftan 和 Buzgala。

古粟特，即现在希萨尔山脉以北的乌兹别克斯坦，有以下地区：

古代名称	现代名称
Nakhshab or Nasaf（那黑沙不、那色波、小史）	Karshi（卡尔希）
Kesh（史国、渴石、碣石、坚沙）	Shahrisabz（沙赫里沙布兹）
Maimurgh（米国、弭秣贺）	Urgut（可能是乌尔古特）
Panj（半制）	Panjikant（片治肯特）
Marakanda or Afrasiyab（康国）	Samarkand（撒马尔罕）
Bukhara（安国、捕喝、蒲华、不花剌、卜哈儿）	Bukhara（布哈拉）
Paikand and Firabr near the Amu Darya in the oasis of Bukhara（伐地国，靠近阿姆河岸的布哈拉绿洲）	Paikand（沛肯）
Chach or Shash（柘支、柘折、赭时、达失干）	Tashkent（塔什干）
Bunjikath	left bank of Shahristan River near Ura Tiube（沙河里斯坦河东岸，在乌拉秋别附近）
Bashgird	Faizabad（法伊兹阿巴德）
Ustrushana（东曹、率都沙那、苏都识匿、苏都沙那、窣堵利瑟那国、苏对沙那）	Ura Tiube and east to Khojent（乌拉秋别东到苦盏）
Ilak	an area to the east of Chach（柘支东部的某片地区）
Isfijab（白水）	to the north of Chach（柘支的北边）
towns of Farab or Otrar（讹答喇）	in the area of present Chimkent（今奇姆肯特）

续 表

古 代 名 称	现 代 名 称
Town of Taraz or Talas（怛罗斯、塔拉兹）	east of Dzhambul（江布尔东部）
Balasaghun（裴罗将军、八剌沙衮）	in the Chu valley（楚河河谷）
Suyab（碎叶）	On the Chu River（楚河岸边）

瑟底痕（Ishtikhan）和贵霜匿（Kushaniya）城镇位于撒马尔罕以西和泽拉夫尚河以北的肥沃山谷中，现在被称为 Miankala。锡尔河中部柘支地区的第一个首府是 Kanka，后来称为 Kharajket。

此外，有好几个城镇都被称为 Bunjikath 或 Bunkat，后者有时泛指现在的塔什干地区。

245 费尔干纳河谷的东部有一些城镇，如下：

古 代 名 称	现 代 名 称
Uzkand（讹迹邗、斡思坚）	Near Jalalabad in Kirgizia（吉尔吉斯斯坦的贾拉拉巴德附近）
Akhsikath（阿思）	west of Namangan（纳曼干西部）
Kasan（柯散）	a village on a river to the north of Namangan（纳曼干北部的一个村庄）
Kuba	to the west of Osh（奥什西边）
Andijan and Osh（俺的干和倭赤、我失）	今安集延和奥什

随着河流的改道，村落的位置也在变化。

花剌子模，现在的卡尔卡拉帕克（Karakalpakia），曾位于阿姆河下游注入里海的三角洲。花剌子模旧都位于阿姆河东侧的Kath（柯提），而Gurganj（朱儿章）和Hazarasp则在阿姆河西岸。其他更古老的，如现在称作Janbas Kaleh、Koi Krylgan Kaleh、Toprak Kaleh等的遗址，位于阿姆河以东、咸海东南部的沙漠中。更多的信息，参见G. Le Strange, *Lands of the Eastern Caliphate*, Cambridge: Cambridge Univ. Press, 1930 reprint，以及V. Minorsky, *Hudud al 'Alam*, London: Luzac, 1937。

中国新疆的考古遗址更容易定位，因为这里的绿洲在历史上位置大都保持不变，只要沿着干涸的河道深入塔里木盆地的沙漠中，就能发现埋在沙子中的古镇。

我使用形容词Turkic和Turish时互相替换，但有些学者用Turkic指东部操突厥语诸族；用Turkish指安纳托里亚讲突厥语的人。

附录三　布哈拉和撒马尔罕的地方统治者

246 关于中亚西部各地区统治者更完整的名单，包括对应的汉文拼音以及粟特文和阿拉伯文名称，参见 O. I. Smirnova, *Svodnyi Katalog Sogdiiskikh Monet, bronza*, Moscow: Nauka, 1981, pp.423−430。

我们根据钱币上的粟特铭文，整理出了撒马尔罕统治者的名单，具体如下：Shishpir（约 640—660），随后 Varguman（拂呼缦）统治了几年，之后空缺。公元 680 年到公元 700 年的统治者是 Doaspad（笃娑钵提）和 Nineshis（泥涅师师）。公元 700 年到公元 712 年是达干（Tarkhun，突昏），公元 712 年到公元 737 年是乌勒伽，其中两年是由 Devashtich 统治的，因为乌勒伽离开了撒马尔罕。Turgar（咄曷）的统治从 740 年开始，是最后一个为人所知的撒马尔罕统治者。

布哈拉的钱币上没有统治者的名字，但根据伊斯兰史料可以了解到其统治者的信息：Shaba（655—660），Bidun（约 660—680），Khatun（681—693），Doaspad 或 Tughshada I（图格沙达一世，693—727），Tughshada II（图格沙达二世，727—738 或 739）；Qutaiba, son of Tughshada II（屈底波，图格沙达二世之子，739—

750）。然后是 Sikan，他统治了 10 年，最后是 Bunyat，于公元 782 年或 783 年被哈里发马赫迪杀害。

值得一提的是，在片治肯特，发现了一位突厥统治者 Chekin Chur Bilge，其统治时间为公元 694—708 年，在他之前和之后的突厥统治者分别为 Devashtich 和 Gamaukiyan，参见 V. A. Livshits, *Praviteli Pendzhikenta VII-nachala VIII v*，收录于 P. A. Gryaznevich 主编的 *Pis'mennye pamyatniki i problemy istorii i kultury narodov vostoka*, Moscow: Nauka, 1977, pp.109-121；此外还见于 Livshits, "Praviteli Pancha," in *Narody Azii i Afriki*, 1979, no.4。至于其他地区，由于缺乏带有统治者姓名的钱币信息，我们很难恢复出统治者世系。

附录四　粟特地区的神灵

247　中亚除了基督徒、摩尼教徒和佛教徒外，还有印度教徒。信仰这些印度教神灵的人究竟是印度商人还是当地的粟特人？我们很难确定。关于片治肯特发现的湿婆—帕尔瓦蒂女神（Siva-Parvati，雪山女神）雕塑，参见 V. Shkoda, “Eine Siva-Heiligtum in Pendzhikent,” 25, *Archeologische Mitteilungen aus Iran*, Berlin: Reimer, 1992, pp.319−327。

粟特地区的神灵有：

’xwrmzt	Ahura Mazda（阿胡拉 · 马兹达）
nny	Nana（娜娜）
myr	Mithra, perhaps earlier called only baga（米特拉，在早期可能称为 baga）
wysh or wyshprkr	Vayu（止息）
’rwt	Haurvatat?（豪尔瓦塔特？）
rshn	Rashnu（拉什努）
r’m	Raman（拉曼，喜，净洁？）

续 表

y'm'kk	Yima（伊玛，阎罗）
zrw	Zurvan（祖尔万）
wxwshw	Oxus River（阿姆河河伯？）
xwm	haoma（豪摩）

此外，ssn、drymt、'prwt、'by 'mn，也可能是神灵的名称。此列表提供的神灵名讳绝非全部。

这些神灵在粟特文献中有所提及，有些还出现在壁画或雕塑中。例如，娜娜作为片治肯特的守护女神，有多种艺术造型。其中，她坐在狮子上的造型最为常见。

附录五 中亚地区的语言

248 约公元前 50 年

语言	巴克特里亚	粟特	喀什噶尔	和阗	库车—吐鲁番
官方文字	希腊文	阿拉米亚文	俗文	俗文	汉文
官方语言	巴克特里亚语	粟特语或巴克特里亚语	俗语 巴克特里亚语	塞语	吐火罗语或汉语
宗教语言	阿维斯陀语或俗语	阿维斯陀语	阿维斯陀语或俗语	俗语或梵语	俗语或梵语
地方方言	巴克特里亚语	粟特语	“Kanjaki”	塞语	吐火罗乙
商人语言	帕提亚语?	粟特语	粟特语	俗语	粟特语或汉语

约 650 年 249

语言	巴克特里亚	粟特	喀什噶尔	和阗	库车	吐鲁番
官方文字	巴克特里亚文或波斯文	粟特文	塞文或粟特文	塞文	汉文和吐火罗乙	汉文和粟特文?
官方语言	波斯语	粟特语	粟特语	塞语	/	/
宗教语言	阿维斯陀语或梵语	阿维斯陀语、古叙利亚语、帕提亚语	阿维斯陀语或梵语	梵语或塞语	俗语或梵语	梵语、古叙利亚语、帕提亚语
地方方言	巴克特里亚语或波斯语	粟特语	"Kanjaki"	塞语	吐火罗乙	突厥语或吐火罗乙
商人语言	波斯语或粟特语	粟特语语	粟特语	汉语?	粟特语或汉语	粟特语或汉语

宗教语言和世俗语言 250

年　代	宗教口头语言	宗教书面语言	世俗书面语言
约公元前 50 年	吠陀梵语和阿维斯陀语	梵语	阿拉米亚语、俗语、汉语、希腊语
约公元 600 年	吠陀梵语和阿维斯陀语	吠陀梵语、阿维斯陀语、古叙利亚语、帕提亚语	粟特语、花剌子模语、巴克特里亚语、巴列维语、塞语、突厥语、吐火罗语、汉语

附录六　河中地区的古代钱币

251　1. 在巴克特里亚，塞琉古王朝和希腊—巴克特里亚先后铸造了钱币。其后是贵霜，尽管有可能在希腊—巴克特里亚灭亡后，一位塞人统治者曾在很短的一段时间内发行过钱币。在贵霜—塞人统治者发行的钱币之后，是寄多罗人和嚈哒人的钱币。

2. 在撒马尔罕，最早发行的钱币仿制了塞琉古王朝安条克一世时期的钱币，随后又仿制了胡尔科德斯时期的钱币，以及印有弓箭手图案的银币。在阿拉伯人征服前不久，撒马尔罕还铸造过带有粟特人图案的中国式铜币（中间有一个方孔）。

3. 布哈拉最早发行的钱币似乎仿制了攸提德莫斯时期的钱币。在沛肯，流通的货币主要是胡尔科德斯钱币的仿制品和各种铜币。而所谓的“布哈拉—胡达特”（Bukhar Khudat）铸造的钱币，始于公元 5 世纪。

4. 花剌子模的钱币仿制了攸克拉提德斯钱币，但上面有花剌子模的印记（tamga，盾形）。后来又发现了几种模仿外地样式的本地钱币。

5. 渴石和那色波首先是仿制了胡尔科德斯的钱币，后来才开始铸造当地铜币。

6. 塔什干地区最早发现的钱币发行于公元3世纪末，上面有塔什干当地的风格和印记。这些钱币风格和萨珊钱币类似，但并非仿制。

7. 公元7世纪的乌对沙那钱币的出现年代比上述所有钱币都晚，其样式显然仿自萨珊钱币。

8. 费尔干纳盆地河谷的钱币出现得更晚，直到公元7世纪和公元8世纪才出现，仿制了中国、塔什干和粟特样式的钱币。

当然，还有其他地区的钱币，但大致是以上几种。可以看出，钱币铸造是从巴克特里亚向北扩散的。而费尔干纳盆地的钱 252
币是反映这一传播趋势的最晚案例。

索 引

Antiochus 安条克，101，104，106，111—114，251
Apa kaghan 阿波可汗，180
Apama 阿帕密，101
Aparni 阿帕尼人，111
Apollo 阿波罗，37
Appian 阿庇安，104
Arab 阿拉伯 5，41，72，93，99，102，149，193，202—207，209—214，216—217，221—223，225，228，251
Arabic 阿拉伯语 5，35，147—148，176，178，203，206，208，217，221—222，227—228，230—231，235—236，242—243，246
Arachosia 阿拉霍西亚，85，113，115
Aral Sea 咸海，24，85，245
Aramaic 阿拉米亚语，89—90，94，106，126，137，248，250
Archebios 阿奇比乌斯，117
Arda Viraf Namak《阿尔达·维拉夫之书》，103
Ardashir 阿尔达希尔，147，149
Areians 阿里亚人，92
Arghandab 阿尔甘达卜河，21
Armenian 亚美尼亚语，94，133，174
Arrian 阿里安，82，103
Arsaces 安息，103，107，112
Arsames 阿萨米斯，91，103
Arshak 阿尔沙克，112
Artabanus 阿尔塔巴努斯，84，117
Artabazos 阿尔塔巴左斯，101
Artaxerxes 阿尔塔薛西斯，84，99
Aryans 雅利安人，34，58，61—62，71
As (see also Alans) 阿斯（奄蔡）参见阿兰人，123，127—128，165
Asad 阿萨德，213，229
Asad ibn ʻAbdallah 阿萨德·伊本·阿卜杜拉，213
Ashkabad 阿什哈巴德，20，111
Asoka 阿育王，106，161—163
Assyrian 亚述，53，80
Astauene 阿斯塔纳奈，111
Atlantic Ocean 大西洋，32，36
Attila 阿提拉，171，177，190
Avar 阿瓦尔，174
Avesta《阿维斯陀》，6，21，40，62，67—70，73，81，93，171
Avestan 阿维斯陀语，44，69—70，248—250
Ay Khanum 艾伊哈努姆，105，113，124
Azatan 萨珊的下层贵族，193
Azd 阿兹德，208—209
Azerbaijan 阿塞拜疆 58，68，107，113，204，237
Azes 阿泽斯，189

B

Babylon 巴比伦，85，103
Babylonian 巴比伦人，巴比伦的，57，61，86，94
Bactra 巴克特拉，89，101，105
Bactria 巴克特里亚，17—18，21，23，55，68，79，82，84—86，88，90，92，99—101，103—107，111—117，122，124—125，127—129，135—136，139，142—143，148—149，156—157，161，171，173，175—177，180—181，185，190，204，209，243，248—249，251—252
Bactrian 巴克特里亚语，巴克特里亚人，巴克特里亚的，85，88，90，101，113—114，124，126，134—137，141，143，147，149，156，161—162，177，210，215，248—250
Badakhshan 巴达赫尚，21，92，122，176，243
Badghis 巴德吉斯，209，224
Baga 古波斯语中的神，190，247
Bahram 巴赫兰，148—149，173—174，176—177，179，191
Bahram Chobin 巴赫兰·处宾，179
Bahram Gor 巴赫兰五世，191
Bai 拜城，25
Baihaqi 拜哈吉，176

Balasaghun 裴罗将军、八剌沙衮，244
Balash 巴拉斯，178
Balkans 巴尔干半岛的，34—35，231
Balkh 巴里黑，23，68，85，101，147—149，174，204，209，212，223，228，243
Baltic 波罗的海的，154，187
Baluch 俾路支，42—43
Baluchistan 俾路支斯坦，31，148，204
Bamiyan 巴米扬，21，147
Barmudha 阿拉伯或波斯史料中的某个嚈哒统治者，178
Basque 巴斯克语，32
Basra 巴士拉，204—205
Batraz 巴特拉兹，45
Bedouin 贝都因，202—203
Begram 贝格拉姆，113，139
Behistun 贝希斯敦，83，85—86
Beshbalik 别失八里，25，236
Bessus 比苏斯，99—101
Bezeklik 柏孜克里克，147，192
Bidun 布哈拉钱币上的统治者之一，246
Bihafrid 比哈弗里德，224
Birjand 比尔詹德，21
al-Biruni 比鲁尼，176，211，217
Black Sea 黑海，19，105
Bodhisattva 菩萨，145
Boghaz Köy 博加兹柯伊，4
Bost 布斯特城，207
brachyocephalic 肱脑型，31
Brahmi 婆罗米文，126
Brahui 布拉灰语，31
Branchidae 布兰希达，90
British 英国的，89，112
Buddha 佛，26，136，143，145—146，162，191
Buddhists 佛教徒，26
Budrach 回鹘的一个英雄，227
Bugut 布古特，180
Bukhar-khudat 布哈拉—胡达特，176
Bukhara 布哈拉，15，18—20，23，26，82，174，176，188，192，194，196，205—206，209，211—214，223—225，227—228，230—231，237，242，244，246，251
Bumin 土门可汗，180
Bunjikath 古粟特某遗址，244
Burman: see Tibeto—Burman 缅甸语（参见藏缅语）
Burushaski 布鲁夏斯基人，32，61，125
Buttam 布塔姆，208
Byzantine Empire 拜占庭帝国，154，179—180，201
Byzantium 拜占庭，154

C

Caesar 恺撒，112
Calcolithic 铜石并用时代，57
Caspian sea 里海，24，60，82，111，204，236
Caucasoid 高加索人，35
Caucasus 高加索，24，32—33，35，45，58，227
centum 颚音类的，35—36，57—58，122
Chach (see also Shash) 柘支、柘折、赭时、达失干，24，26，141，147，244，251
Chaganiyan 赤鄂衍那、支汗那，243
chakar 沙基尔，195
Chandragupta 旃陀罗笈多，104，106，113
Ch'ang-an 长安，164
Chang ch'ien 张骞，127，129
Chekin Chur Bilge 片治肯特的一个突厥统治者，246
Chigil 炽俟部，237
Ch'in 秦，121—123
China 中国，13，19，24—26，32，34—36，39，43，46—47，53，90，92，121—123，127，129，133—134，141，153—157，161—164，169，175，177，180，185，187，191，196，202，214，241

D

E

F

G

H

I

J

K

L

M

Menander Protektor 弥南德，179，242
Meo 兴都库什山以北的某个嚈哒统治者，178
Merv 梅尔夫，18—21，23，86，105，112—114，124，137，141，147—149，176，203—207，209，211，222
Mesopotamia 33—34，40，53—54，56—58，60—61，105，107，113，204
Middle Persian 中古波斯，67，69—70，88，103，135，137，195，208，250
Milet 米利特，90
Minusinsk 米努辛克斯，60
Mitanni 米坦尼人，33，58
Mithra 米特拉，37，71，247
Mithradates 米斯拉提德斯，117，125—126
Mobad 穆护，195
Mohenjo Daro 摩亨佐・达罗，31
Mongolia 蒙古，3，5，24—25，35，39，45，47，81，123，127，169—170，172—173，175，177，179—180，206，236
Motun 冒顿，123
Mu'awiya 穆阿维叶，206
Mufaddal 穆法达尔，209
Muhallab 穆哈拉布，208
Muhammad ibn al-Qasim 穆罕默德・伊本・卡西姆，212
Muhan 木杆可汗，180
Multan 木尔坦，212
Al-Muqaddasi 穆卡达西，228
Muqanna' 穆格纳，225
Murghab 穆尔加布河，18，20—21
Musa 穆萨，208—209
Muslims 穆斯林，161，201，203，212—214，221，224—225，227—228，235—236
Mustafa 穆斯塔法，4

N

Namazga 纳马兹伽，54，60
Nana 娜娜，135，189，247
Narendra 某个嚈哒统治者，178
Nart《纳尔特》，45
Nasaf 那色波，211，225，244，251
Nasr 纳斯尔，213—214，217，230
Nasr ibn Sayyar 纳斯尔・伊本・色雅尔，213—214，217
Neanderthal 尼安德特人，17
Neh 尼赫，21
Neolithic 新石器时代，13，57，60
Nestorian 景教徒，165，190
Nezak 尼扎克，209—210，226
Nikator 胜利者，101
Nile 尼罗河，13
Nineveh 尼尼微，80
Ninus 尼诺斯，80
Nisa 尼萨，20，111，137
Nishapur 内沙布尔，92，222—224，229
Nmana- 家庭，93
Nuh 努赫，229—230
Nuristani 努里斯坦，61

O

Oghuz 乌古思人，236
Oldenburg 奥登堡，9
Ordu 斡耳朵，45
Orkhon 鄂尔浑，207
Osh 奥什，245
Ossete 奥塞特，9
Ossetes 45，165
Osten, H.H. von der H.H. 冯・德・奥斯滕，4
Ostrogoths 东哥特人，171
Otrar 讹答喇，244
Ottoman 奥斯曼，81，195，216
Otukan 于都斤 44
Oxus (see also Amu Darya) 奥克苏斯河（阿姆河），17，85，89，105，123—124，128，130，136，149，176—177，179—180，205，210，243，245，247

P

Pahlavas 帕提亚人，125

T

T'ung kaghan 统叶护可汗，180
Tun-huang 敦煌，25—26，161，164—165，192—193
Tura《阿维斯陀》提到的某个民族，81
Turan 土兰人，147—148
Turfan 吐鲁番，25，156，164，188，235，249
Turgar 撒马尔罕的某个统治者，246
Türgesh 突骑施人，207，213—214，236
Turkic 突厥语，3—4，44—45，62，157，245，249—250
Turkmenistan 土库曼斯坦，6，19—20，32，54，60，78，112，126
Turks 突厥人，5，44，77，81，165，173，178—180，203，207，213—214，221，227，230—231，235—237，245

U

'Ubaidallah ibn Ziyad 乌拜都拉·伊本·济雅德，205
Uighur 维吾尔，8—9，25，163，227，236—237
'Umar 欧麦尔，212
Umayyad 倭马亚，202，204—209，212—214，221，223，228
Ura Tiube 乌拉秋别，244
Uralic 乌拉尔语，123
Urartian 乌拉尔人，32
Urartu 乌拉尔图，58
Urumqi 乌鲁木齐，25，236
Ustrushana 苏对沙那，24，195，244，251
Uzbek 乌兹别克，8—9
Uzbekistan 乌兹别克斯坦，9，60，186，243—244
Uzkand 讹迹邗、斡思坚，245

V

Vakhsh 瓦赫什河，17，243
Valash 巴拉斯，178
Varakhsha 瓦拉赫沙，192，196
Varguman 撒马尔罕的某个统治者，246
Varuna 伐楼拿，37
vaspuhrakan 王室成员，193
Vasudeva 韦苏特婆，136—137，139，143，147
Vayu 止息，247
Vendidad《文迪达德》的误译，70
vezir 维齐尔，222
Videvdat《文迪达德》，70
vihara 僧院，228
Vikings 维京人，40
Vima Kadphises 阎膏珍，126，134—137，140
Vima taktu 迦腻色伽王的祖父，135
Vishtaspa 维什塔斯帕，86，88
Visya 尉迟，163
Vogelsang 沃格尔桑，77，80，83，88
Vonones 法恩，117，137

W

Wakhan 瓦罕，19，157
Wakhi 瓦罕，9
wali 监护官，222
Walid 瓦利德，208，211
Wolski 沃尔斯基，111
Wotan 沃坦，37
Wu-sun 乌孙，122—123，165
wuzurgan 大封建主，193
Xerxes 薛西斯，88，90

Y

yabghu 翕侯，叶护，134，206
Yaghnob 雅格诺布河，23
Yahya 雅希亚，229
Yarkand 叶尔羌，25，125，156
Yashts《雅什特》，40，70—71
Yazdgird 177—178，203，214
Yazid 叶齐德，206—209
Yima 伊玛，阎罗，247
Yüeh-chih 月氏，34—35，122—123，125，127—129，134—135，169，174

Z

Zabolo 兴都库什山以北的某个嚈哒统

守望思想　逐光启航

LUMINAIRE
光启

中亚古代史

[美] 费耐生 著
韩中义　傅加杰　水敏军 译
折祎　宋海英 校

责任编辑　肖　峰
营销编辑　池　森　赵宇迪
装帧设计　甘信宇

出版：上海光启书局有限公司
地址：上海市闵行区号景路 159 弄 C 座 2 楼 201 室　201101
发行：上海人民出版社发行中心
印刷：山东临沂新华印刷物流集团有限责任公司
制版：南京展望文化发展有限公司

开本：890mm×1240mm　1/32
印张：9.625　字数：198,000　插页：2
2024 年 7 月第 1 版　2025 年 6 月第 3 次印刷
定价：89.00 元
ISBN: 978-7-5452-2004-9 / K · 18

图书在版编目 (CIP) 数据

中亚古代史 / (美) 费耐生著；韩中义，傅加杰，
水敏军译；折祎，宋海英校. —上海：光启书局，
2024（2025.6 重印）
书名原文 : The Heritage of Central Asia: From
Antiquity to the Turkish Expansion
ISBN 978-7-5452-2004-9

Ⅰ. ①中…　Ⅱ. ①费…　②韩…　③傅…　④水…　⑤折
…　⑥宋…　Ⅲ. ①中亚－古代史　Ⅳ. ① K360.2

中国国家版本馆 CIP 数据核字（2024）第 068741 号